IMPERIALISMO,
ESTÁGIO SUPERIOR DO CAPITALISMO
(ensaio popular)

Do mesmo autor:

O Estado e a revolução

Que fazer? Problemas candentes do nosso tempo

As três fontes

Tarefas da juventude na construção do socialismo

Carta a um camarada

Lenin e a revolução de outubro

Esquerdismo: doença infantil do comunismo

V. I. LENIN

IMPERIALISMO,
ESTÁGIO SUPERIOR DO CAPITALISMO
(ensaio popular)

1ª edição

EDITORA
EXPRESSÃO POPULAR

São Paulo - 2012

Copyright © 2012, by Editora Expressão Popular

Revisão: *Maria Elaine Andreoti*
Revisão da tradução: *Miguel Makoto Cavalcanti Yoshida*
Projeto gráfico: *Zap Design*
Capa e diagramação: *Krits Estúdio*
Imagem da capa: V. I. Lenin na biblioteca de Berna trabalhando no livro *Imperialismo, estágio superior do capitalismo*. Pintor: V. Perelmán
Impressão e acabamento: *Vox*

Dados Internacionais de Catalogação-na-Publicação (CIP)

L566i	Lenin, Vladimir Ilitch, 1870-1924 Imperialismo, estágio superior do capitalismo: ensaio popular / V. I. Lenin.--1.ed. —São Paulo : Expressão Popular, 2012. 176p. :tabs. Indexado em GeoDados - http://www.geodados.uem.br ISBN 978-85-7743-207-3 1. Imperialismo. 2. Capitalismo. I. Título. CDD 330.122

Catalogação na Publicação: Eliane M. S. Jovanovich CRB 9/1250

Todos os direitos reservados.
Nenhuma parte desse livro pode ser utilizada
ou reproduzida sem a autorização da editora.

1ª edição: setembro de 2012
6ª reimpressão: setembro de 2022

EDITORA EXPRESSÃO POPULAR
Rua Abolição, 197 – Bela Vista
CEP 01319-010 – São Paulo – SP
Tel: (11) 3112-0941 / 3105-9500
livraria@expressaopopular.com.br
www.expressaopopular.com.br
◼ ed.expressaopopular
◎ editoraexpressaopopular

SUMÁRIO

Nota editorial 7

Apresentação a esta edição 9

Prefácio 23

Prefácio às edições francesa e alemã 25

Capítulo I – A concentração da produção e os monopólios.......................37
Capítulo II – Os bancos e o seu novo papel 55
Capítulo III – O capital financeiro e a oligarquia financeira 75
Capítulo IV – A exportação de capital 93
Capítulo V – A partilha do mundo entre as associações capitalistas.........99
Capítulo VI – A partilha do mundo entre as grandes potências.............109
Capítulo VII – Imperialismo: estágio particular do capitalismo 123
Capítulo VIII – O parasitismo e a decomposição do capitalismo...........137
Capítulo IX – Crítica do imperialismo 149
Capítulo X – O lugar do imperialismo na história 165

NOTA EDITORIAL

A presente edição tomou por base a versão portuguesa *O imperialismo, fase superior do capitalismo (ensaio popular), in* V. I. Lenin, *Obras Escolhidas em três tomos*. Lisboa-Moscovo: Edições "Avante!"-Edições Progresso, 1, 1977, p. 575-671 e foi cotejada com as versões espanhola, francesa e inglesa respectivamente: *El Imperialismo, fase superior del capitalismo (esbozo popular), in* V. I. Lenin, *Obras Escolhidas en tres tomos*. Moscú: Editorial Progresso, 1, s/d, p. 689-798; *L'impérialisme, stade suprème du capitalisme (essai de vulgarisation), in* V. I. Lénine, *Oeuvres choisies en trois volumes*. Moscou: Éditions du Progrès, 1, 1971, pp. 655-758; *Imperialism, the highest stage of capitalism (a popular outline)*, in V. I. Lenin, *Selected Works in three volumes*. Moscow: Progress publishers, 1, 1970, p. 667-768.

Elaboramos, para esta edição, uma breve apresentação contextualizando a escrita da obra em sua época, bem como alguns elementos teórico-políticos presentes na formulação de Lenin.

As notas de rodapé do próprio Lenin são reproduzidas sem qualquer indicação especial; as notas desta edição vêm sempre seguidas pela indicação (N. E.); algumas foram elaboradas para esta edição e outras são provenientes das edições citadas. Sempre que possível foram indicadas edições brasileiras das obras citadas por Lenin.

São Paulo, agosto de 2012
Os editores

APRESENTAÇÃO A ESTA EDIÇÃO

Lenin demonstrou seu talento ímpar tanto
como político e estadista revolucionário
quanto como intérprete da história em processo.
Florestan Fernandes

No último terço do século XVIII, na Inglaterra, tem início o processo de mecanização da produção que ficou conhecido como *Revolução Industrial*. Este processo desencadeou um conjunto de mudanças econômicas, sociais e políticas que dinamizaram intensivamente o desenvolvimento da sociedade burguesa (a sociedade que se funda no modo de produção capitalista), que segue vigente até hoje. Desde seu surgimento, foram vários os esforços dedicados à compreensão deste novo modo de produção no campo social, econômico, político etc., assim como foram diversas as perspectivas de abordagem – pode-se mencionar tanto teóricos entusiastas do capitalismo, como John Locke (1632-1704) e Adam Smith (1723-1790), quanto críticos a este sistema, como Charles Fourier (1772-1837) e Pierre-Joseph Proudhon (1809-1865).

Em meados do século XIX, a crítica à sociedade burguesa, já estabelecida, ganhará novos contornos com a revolução teórica levada a cabo por Karl Marx (1818-1883) e Friedrich Engels (1820-1895). Eles, a partir do que havia de mais desenvolvido no pensamento filosófico, econômico e social da Europa, elaboram uma teoria social a fim de compreender o modo de produção capitalista em seu contínuo movimento de evolução, a partir da perspectiva da classe trabalhadora –, elemento fundante e fundamental da engrenagem do sistema capitalista – com o claro objetivo, para além de interpretar a realidade, de transformá-la revolucionariamente. Esta teoria tem como base o materialismo

APRESENTAÇÃO

histórico-dialético, que, entre outros aspectos, busca "reproduzir idealmente o movimento do real".[1]

Marx e Engels inauguram, com efeito, uma tradição no movimento revolucionário mundial, influenciando diversas organizações de trabalhadores na Europa e no mundo. Eles se tornam a principal referência para todas aquelas que têm como objetivo a superação da sociedade burguesa; neste sentido, pode-se mencionar a *Liga dos Comunistas* (1848-1852) e a *Associação Internacional dos Trabalhadores* (1864-1876), das quais Marx e Engels participaram ativamente, e o Partido Social-Democrata alemão (1875), com o qual Friedrich Engels colaborou intensamente nos seus últimos anos de vida.

O marxismo – como ficou conhecida a tradição iniciada por Marx e Engels – chegou à Rússia através, em especial, do grupo revolucionário "Emancipação do Trabalho", criado no exílio em 1883, cuja principal figura foi G. Plekhanov (1856-1918), considerado "o pai do marxismo russo".[2] Da ação pioneira deste grupo derivou em grande medida a adesão de jovens intelectuais ao marxismo – entre eles V. I. Ulianov (1870-1924), mais tarde mundialmente conhecido como *Lenin*, que se graduará em Direito na Universidade de S. Peterburgo.[3]

---

[1] É bastante ampla a bibliografia que trata da revolução teórica de Marx e Engels na compreensão da realidade. Para uma primeira aproximação ao método elaborado por estes dois revolucionários, ver NETTO, José Paulo. *Introdução ao estudo do método de Marx*. São Paulo: Expressão Popular, 2010.

[2] Cf., entre outros títulos, por exemplo, os ensaios de BARON, S. H.; WALICKI, A. e STRADA, V., *in:* GRISONI, D. (dir.). *Histoire du marxisme contemporain*. Paris: UGE, 3, 1977; GETZLER, I. "G. V. Plekhanov: a danação da ortodoxia", *in:* HOBSBAWM, E. J. (org.). *História do marxismo*. Rio de Janeiro: Paz e Terra, 3, 1984. Há vários textos de Plekhanov traduzidos para o português; entre eles, *O papel do indivíduo na história*. São Paulo: Expressão Popular, 2010.

[3] Lenin não foi o único de sua família envolvido na luta política; seu irmão Alexandre, militante de uma organização revolucionária, foi condenado à morte (1887) aos 21 anos de idade por atentar contra a vida do tsar Alexandre III (1845-1894).

APRESENTAÇÃO

Lenin se tornará um dos principais continuadores da obra de Marx e Engels. Das suas várias contribuições ao pensamento revolucionário, é possível dizer, seguindo a análise de Florestan Fernandes, que resultou uma transmutação no eixo do marxismo, no campo da prática.[4] Além disso, pode-se caracterizá-lo também pela sua fecunda capacidade de incorporar na prática revolucionária a esfera da análise teórica. Cabe lembrar, aqui, que um dos fios condutores que o guiava era o de que, "sem teoria revolucionária, não há prática revolucionária"; neste sentido, a ação de Lenin no processo de organização do proletariado russo em um partido não pode ser desvinculada de sua perspectiva teórica.

Esta estreita conexão entre sua formulação teórica e sua prática política pode ser verificada na transição do século XIX ao XX, quando ele acabara de escrever a sua primeira pesquisa de fôlego sobre a realidade russa (*O desenvolvimento do capitalismo na Rússia*, publicado em 1899) e apresentava (*Que fazer?*, divulgado em 1902) a sua proposta de um partido político revolucionário de novo tipo.[5] Segundo Florestan Fernandes: "(...) *Que fazer?*, como obra de síntese e de superação das experiências políticas acumuladas durante o período de formação [de Lenin], constitui a face política das descobertas históricas e econômicas contidas em *O desenvolvimento do capitalismo na Russia*".[6] Mais tarde, na continuidade desta perspectiva, ele redige (1916) *Imperialismo, fase superior do capitalismo* (publicado em 1917).[7] Neste livro, é claríssima a recuperação realizada por Lenin da inspiração de Marx.

---

[4] Cf. FERNANDES, Florestan. *Marx, Engels, Lenin. A história em processo*. São Paulo: Expressão Popular, 2012, p. 221-272.

[5] Estas duas obras estão traduzidas para o português: *O desenvolvimento do capitalismo na Rússia*. São Paulo: Abril Cultural, 1982 (col. "Os economistas"); *Que fazer?* São Paulo: Expressão Popular, 2010.

[6] FERNANDES, Florestan, *op. cit*, p. 231.

[7] Sobre a vida e a obra de Lenin, cf., entre outros títulos, LEFEBVRE, H. *La pensée de Lénine*. Paris: Bordas, 1957 (col. "Pour connaître"); GRUPPI, L. *O pensamento de Lenin*. Rio de Janeiro: Graal, 1979; o volume 5 da já citada *História do marxismo*, organizada

APRESENTAÇÃO

Karl Marx, na sua obra maior, *O capital*, buscou desvelar a estrutura e a dinâmica de funcionamento do capitalismo nas esferas da produção e da circulação da riqueza, sob a forma da mercadoria. O principal aspecto metodológico do tratamento teórico de Marx em suas análises é o de partir da aparência imediata da realidade, tal como ela se apresenta, e se movimentar em direção à sua essência, buscando a inter-relação entre os seus diversos elementos constitutivos.[8] Sobretudo ao investigar a circulação da riqueza, Marx constata que as crises econômicas são próprias deste modo de produção e que elas possibilitam o avanço para um novo patamar de lucros e de acumulação. Este movimento de análise empreendido em *O capital* é retomado por Lenin na presente obra.

De fato, dois principais motivos levaram-no a escrever este *Imperialismo, fase superior do capitalismo*: a) compreender, em seus aspectos econômicos, políticos e sociais, a nova fase de acumulação capitalista, que passa a ganhar corpo principalmente a partir da década de 1870, e suas decorrências para a luta revolucionária; b) o debate político, dentro do movimento socialista internacional – que vinha se gestando principalmente na Segunda Internacional desde inícios da primeira década do século XX –, sobre como fortalecer o movimento revolucionário contra o revisionismo e o oportunismo e sobre qual deveria ser o posicionamento das organizações revolucionárias frente à guerra que se avizinhava.

---

por Hobsbawm, Rio de Janeiro: Paz e Terra, 1985; Vv. Aa., *Lenine. Biografia*. Lisboa-Moscou: Avante!-Progresso, 1984; LUKÁCS, G. *Lenin: um estudo sobre a unidade de seu pensamento*. São Paulo: Boitempo Editorial, 2012; GOMES, O. *Lenin e a Revolução Russa*. São Paulo: Expressão Popular, 2009.

[8] Em vários dos seus textos, o próprio Marx trata deste movimento; veja-se, por exemplo, MARX, K. "Introdução" (1857), *in: Contribuição à crítica da Economia Política*. São Paulo: Expressão Popular, 2008, p. 237-272 (também Engels se refere indiretamente ao tema neste mesmo volume, p. 273-285) e no posfácio à segunda edição d'*O capital* (Rio de Janeiro: Civilização Brasileira, l. I, v. 1, 1968). Para outras formulações de Engels sobre o mesmo tema, cf. MARX, K.; ENGELS, F. *Cultura, arte e literatura: textos escolhidos*. São Paulo: Expressão Popular, 2012, p. 103-107.

APRESENTAÇÃO

O trabalho de Lenin é fruto de rigoroso exame e análise de obras teóricas e dados estatísticos da economia mundial. Segundo I. Rudakova, os "materiais preparatórios para a obra *Imperialismo, fase superior do capitalismo (Cadernos sobre o imperialismo)* totalizam 50 cadernos impressos. Contêm anotações extraídas de 148 livros e 232 artigos em alemão, francês e inglês."[9]

A importância e atualidade desta obra, no entanto, não está na inovação da análise econômica, pois Lenin toma por base o que já havia sido elaborado sobre este tema à época sobretudo em dois trabalhos: um, do economista heterodoxo J. A. Hobson (1858-1940), *Imperialismo. Um estudo*, de 1902; e outro, marxista, de Rudolf Hilferding (1877-1941), *O capital financeiro*, de 1910. Cabe mencionar, contudo, que outros teóricos marxistas já haviam se debruçado sobre o tema, como Rosa Luxemburgo (1871-1919), em *A acumulação do capital* (1913), N. Bukharin (1888-1938), em *Imperialismo e a economia mundial* (1915 – aliás, prefaciado por Lenin)[10] e Karl Kautsky (1854-1938), em diversos artigos, mas principalmente em *Ultraimperialismo*, publicado na revista teórica *Die Neue Zeit*, do Partido Social-Democrata alemão, em 1914.

Com efeito, a relevância desta obra de Lenin reside noutro âmbito, como Lukács observou com argúcia:

> Em muitos sentidos, ela se baseia em Hilferding e não demonstra, vista em termos puramente econômicos, a profundidade e a grandeza da continuidade da teoria marxiana da reprodução realizada por Rosa Luxemburgo. A superioridade de Lenin consiste – e esta é uma proeza teórica sem igual – *em sua articulação concreta da teoria econômica do imperialismo com todas as questões políticas do presente*, transformando a economia da nova

---

[9] RUDAKOVA, I. *Sobre a obra de V. I. Lenine* O imperialismo, fase superior do capitalismo. Moscou: Edições Progresso, 1986, p. 8.

[10] Há edições em português de HILFERDING, R. *O capital financeiro*. São Paulo: Nova Cultural, 1985; BUKHARIN, N. *O imperialismo e a economia mundial*. Rio de Janeiro: Melso; LUXEMBURGO, R. *A acumulação do capital*. São Paulo: Nova Cultural, 1988.

APRESENTAÇÃO

fase num fio condutor para todas as ações concretas na conjuntura que se configurava então (...).[11]

Imperialismo, fase superior do capitalismo é publicado em 1917. Vivia-se um momento muito particular da história: em meio à Primeira Guerra Mundial (1914-1918), registrava-se um grande acirramento das lutas de classes – e, desde a última década do século XIX, o Partido Social-Democrata alemão, o primeiro grande partido de massas da Europa, ganhava cada vez mais força. Entretanto, este partido, originalmente herdeiro da tradição de luta comunista, vai progressivamente se amoldando à ordem capitalista. Um dos fatos mais expressivos deste amoldamento foi a posição favorável dos representantes do partido, formando bancada parlamentar importante, em relação à aprovação dos créditos para a Primeira Guerra Mundial. O caminho escolhido pela social-democracia alemã selou a cisão no seio da Segunda Internacional e os rumos do movimento revolucionário mundial. Em seu trabalho, Lenin traçará o paralelo entre os argumentos teóricos da social-democracia no que toca ao imperialismo, desenvolvidos principalmente por Karl Kautsky, e sua relação com aquele apoio à guerra imperialista.

A eclosão da guerra colocou novas questões para o movimento revolucionário mundial e trouxe a possibilidade de seu fortalecimento entre o proletariado, objetivando a superação do capitalismo através de uma revolução. Ao analisar as características da fase superior do capitalismo Lenin enfatiza o papel que o Estado desempenha na consolidação dos monopólios e do imperialismo, e como a "oligarquia financeira" – a camada da burguesia que se torna cada vez mais poderosa – controla também a política, que, então, assumira a forma expansionista nas nações imperialistas. A Primeira Guerra Mundial – diferentemente do que pensava Kautsky – é, para Lenin, uma decorrência própria do imperialismo e da disputa interimperialista.

---

[11] LUKÁCS, G., *op. cit.*, p. 61.

APRESENTAÇÃO

A análise das características dessa nova fase do capitalismo e, em particular, a da situação de guerra possibilitam a Lenin chegar ao pleno amadurecimento das concepções estratégicas que já vinha elaborando desde alguns anos, colocando a tomada do poder de Estado, pela via insurreicional, como elemento central para a revolução proletária. Neste sentido, cabe relembrar a formulação, atualíssima para o contexto da época, de um importante estrategista militar alemão, Karl von Clausewitz (1780-1831), segundo o qual a guerra é a política por outros meios – ou seja, estava em curso a mais violenta forma de dominação da burguesia para manter ou ampliar o seu poder, e contra isso a única saída para o proletariado era também as armas. Uma vez instaurada a guerra, não cabia aos trabalhadores combater em favor dos interesses das burguesias nacionais em sua disputa intermonopolista – e é assim que Lenin defende que o proletariado não deve tomar parte na guerra interimperialista, mas sim transformá-la em guerra civil contra a burguesia. Por isto mesmo, para Lukács,

> a importância da teoria lenineana do imperialismo reside no fato de Lenin ter estabelecido de maneira teoricamente consequente (...) esse nexo entre a guerra mundial e a evolução geral, demonstrando-o claramente à luz dos problemas concretos da guerra (...).[12]

Seguindo a afirmação já mencionada de Florestan Fernandes, de que o pensamento teórico de Lenin traz sempre a sua contraface política, é possível sustentar que a sua análise do imperialismo oferece as bases econômico-sociais não só para a decisão política do partido bolvechique de tomar o Estado russo por meio de uma insurreição armada, mas também para as reflexões e propostas lenineanas acerca do Estado, sintetizadas em *O Estado e a revolução*[13], escrito e publicado em 1917.

---

[12] *Ibid.*, p. 71.

[13] Há edição brasileira: *O Estado e a revolução*. São Paulo: Expressão Popular, 2010.

APRESENTAÇÃO

A atualidade do pensamento de Lenin, expressa no *Imperialismo*, pode ser tratada sob dois diferentes aspectos: a) suas propostas políticas; b) a perspectiva que guiou a sua prática teórico-política. No que toca ao primeiro, várias de suas formulações políticas ainda seguem válidas como tarefas a serem concretizadas pelas organizações revolucionárias, como, por exemplo, a centralidade da tomada do poder de Estado; as greves como instrumento de luta do proletariado; a necessidade de se avançar das lutas estritamente econômicas às lutas políticas; o partido como instrumento de organização da classe operária etc. Com relação ao segundo aspecto, cabe recorrer mais uma vez a Florestan Fernandes: "[Lenin] sempre realizou as suas investigações e análises tendo em mente os objetivos cognitivos e práticos do socialismo revolucionário".[14] Lenin sintetiza esta sua perspectiva teórico-prática ao afirmar que um dos fundamentos do marxismo é a "análise concreta de uma situação concreta" – à luz da experiência histórica da luta do proletariado e do conhecimento construído e acumulado pela classe trabalhadora. Seu pensamento político está sempre calcado em uma análise da realidade em movimento e, por isto, suas propostas políticas jamais se cristalizavam ou assumiam traços dogmáticos. Isto pode ser constatado nas mudanças destas no interior do partido bolchevique, defendendo diferentes táticas a depender da configuração das lutas de classes.[15]

É precisamente a "análise concreta de uma situação concreta" que Lenin se propõe ao estudar o capitalismo no início do século XX. Segundo o próprio autor, podem-se assinalar os núcleos sobre os quais incide sua pesquisa: *os monopólios, o capital financeiro, a oligarquia financeira, a exportação do capital, a partilha do mundo*

---

[14] FERNANDES, F. *op. cit.*, p. 22.

[15] Este aspecto pode ser observado em de REED, John. *Os 10 dias que abalaram o mundo* (São Paulo: Cia. das Letras, 2010), sobretudo no que diz respeito ao processo de insurreição e de tomada do Palácio de Inverno, em outubro de 1917, e seus desdobramentos.

APRESENTAÇÃO

entre nações e empresas; além disso, outro elemento fundamental presente nesta obra é *a formação de uma aristocracia operária*.

Os *monopólios* são frutos da intensificação da concentração e da centralização do capital. A concentração se baseia na ampliação do capital constante na produção, na forma de maquinaria e equipamentos; a centralização do capital se refere à conformação das fusões e aquisições que formarão enormes blocos de capital organizados na grande e típica empresa capitalista, sob a forma de sociedades anônimas.

No que toca ao *capital financeiro*, Lenin, influenciado pela obra de Hilferding, trata da importância das várias formas de capitais integrados em escala mundial, com especial destaque para o papel desempenhado pela fusão do grande capital bancário com o grande capital industrial; a relação simbiótica entres estes dois capitais terá cada vez maior impacto na dinâmica capitalista.

A *oligarquia financeira* é a manifestação concreta do poder dos grandes bancos na era dos monopólios em escala mundial. De meros intermediários do comércio do dinheiro, os grandes bancos passam a ser os fomentadores das sociedades anônimas. Cria-se, assim, uma camada parasitária, rentista, da burguesia, que também suga a mais-valia extraída dos trabalhadores empregados pelo capitalista industrial.

Com a consolidação dos monopólios, o grande capital, concentrado e centralizado em poucas e gigantescas empresas sediadas nos países tecnologicamente mais avançados, subordinou a dinâmica econômica e política. Isto permitiu tanto aos empresários quanto às suas definidas nações *exportarem capital*, por meio de empréstimos, para a mudança da estrutura produtiva das nações menos desenvolvidas economicamente.

Lenin chama a atenção, aqui, para a importância das periferias para as economias centrais. *As nações imperialistas, tanto através de suas empresas monopolistas quanto do próprio Estado, expandem os seus tentáculos para as nações periféricas*. Ele salienta o fato de que

APRESENTAÇÃO

o processo de anexação colonialista sob a égide de Estados fortes e fracos compõe essa nova fase capitalista, sem possibilidade de retorno à anterior, mas nem por isso com menos conflitos e lutas no interior destas nações e entre estas e as nações hegemônicas.

Por fim, nos últimos capítulos, Lenin se detém na análise do comportamento de setores do proletariado nos países imperialistas e no modo como a política implementada por estes busca a todo momento corromper seus dirigentes políticos e mantê-los ao seu lado. O principal mecanismo para isso é a formação de uma *aristocracia operária* no seio da classe trabalhadora – o grande capital fornece a uma pequena camada desta classe vantagens econômicas provenientes dos grandes lucros da exploração imperialista. Lenin identifica a ação política dessa camada nas posturas dos oportunistas e revisionistas; ela age em defesa dos interesses dos capitalistas para manter os seus privilégios; apesar de falar em nome do proletariado, já está, de fato, muito próxima à burguesia.

Imperialismo, fase superior do capitalismo revela, no seu tempo, aquilo que à época de Marx já fora expresso e que ainda persiste: uma forma de produção e reprodução da vida baseada na exploração do homem pelo homem; a concentração dos meios fundamentais de produção por um punhado cada vez menor de corporações e da classe que as conduz, a burguesia; o desenvolvimento das forças produtivas com o objetivo único e exclusivo de intensificar a extração de mais-valia dos trabalhadores e, com isso, gerar mais lucros para os exploradores; a dominação dos Estados imperialistas sobre outros Estados e diferentes povos.

Tal como na época de Lenin, uma análise da estrutura e da dinâmica de acumulação do capital e dos seus desdobramentos sociais e políticos na fase contemporânea do imperialismo é central para se definir a estratégia e os rumos do movimento revolucionário, sobretudo em sociedades dependentes e periféricas. E tanto mais que não se podem aplicar mecanicamente as fecundas e justas ideias de Lenin a um mundo que não é mais o que

APRESENTAÇÃO

ele analisou – hoje, como no seu tempo, requer-se uma "análise concreta da situação concreta" *atual*. Faz-se necessário seguir o *método e a perspectiva* de Lenin sem confundi-los com um *modelo*; faz-se necessário recuperar a estreita relação entre a teoria, como reprodução ideal do movimento do real, com a organização política da classe trabalhadora em busca da superação do modo de produção capitalista, construindo uma sociedade em que o ser humano tenha primazia sobre a mercadoria.

IMPERIALISMO,
ESTÁGIO SUPERIOR DO CAPITALISMO
(ensaio popular)

PREFÁCIO

O livro que apresentamos ao leitor foi escrito em Zurique durante a primavera de 1916.[1] Dadas as condições de trabalho, esbarrei naturalmente com certa insuficiência de materiais franceses e ingleses e com uma grande carência de materiais russos. Contudo, utilizei a obra inglesa mais importante sobre o imperialismo, o livro de J. A. Hobson, com a atenção que, em meu entender, merece.

O livro foi escrito tendo em conta a censura tsarista. Por isso, não só me vi forçado a limitar-me estritamente a uma análise exclusivamente teórica – sobretudo econômica – como também tive de formular as indispensáveis e pouco numerosas observações políticas com a maior prudência, servindo-me de alusões, nessa

---

[1] A obra *O imperialismo, estágio superior do capitalismo* foi escrita no primeiro semestre de 1916. Muito antes da Primeira Guerra Mundial, Lenin havia posto claramente os novos fenômenos intervenientes na evolução do capitalismo, analisando os traços característicos da época imperialista e seguindo com grande atenção as recentes publicações consagradas ao capitalismo. Mas só nos princípios de 1915, durante a sua estada em Berna, é que ele empreende o estudo aprofundado da literatura mundial relativa ao imperialismo e começa a escrever o seu livro, em janeiro de 1916. No fim do mesmo ano, instala-se em Zurique, onde prossegue o trabalho na biblioteca cantonal. Os extratos, resumos, apontamentos e quadros que Lenin extraiu de livros, revistas e jornais constituem cerca de 50 cadernos de impressão. Em 1939, publicou-se o volume dessas notas com o título *Cadernos sobre o imperialismo*. Em 19 de junho (2 de julho) de 1916, terminou o manuscrito e o enviou à Edições Parus, fundada em dezembro de 1915. Os elementos mencheviques que dirigiam a editora eliminaram do livro a crítica exacerbada às teorias oportunistas de Kautsky e dos mencheviques russos (Martov e outros), fizeram correções no manuscrito que não só apagavam a originalidade do estilo de Lenin como também deturpavam suas ideias. Chegado à Rússia, Lenin redigiu, em 26 de abril de 1917, o prefácio da obra, a qual apareceu pouco depois impressa pela Edições Parus sob o título *O imperialismo, etapa mais recente do capitalismo* (*Ensaio popular*) (N. E.).

maldita língua de Esopo,[2] que o tsarismo obriga todos os revolucionários a utilizar quando escreviam alguma coisa destinada a publicações de tipo "legal".

É doloroso reler agora, nos dias de liberdade, as passagens mutiladas, comprimidas, apertadas numa argola de ferro, com receio da censura tsarista. Para dizer que o imperialismo é a antecâmara da revolução socialista, que o social-chauvinismo (socialismo de palavra e chauvinismo de fato) é uma completa traição ao socialismo, a completa passagem para o lado da burguesia, que essa cisão do movimento operário está relacionada com as condições objetivas do imperialismo etc., vi-me obrigado a recorrer a uma linguagem "servil" (cheia de subentendidos) e, por isso, devo remeter os leitores que se interessem pelo problema para a coleção dos artigos que publiquei no estrangeiro entre 1914 e 1917, os quais serão em breve reeditados (na coletânea *Contra a corrente*). Vale a pena, em particular, assinalar uma passagem das p. 119-120:[3] com o intuito de demonstrar ao leitor, de maneira a ser aceita pela censura, a forma indecorosa de mentir, de que se utilizam os capitalistas e os social-chauvinistas que passaram para o outro lado (os quais Kautsky combate com tanta inconsequência), no que se refere às anexações, o descaramento com que as encobrem dos seus capitalistas, vi-me obrigado a citar o exemplo... do Japão! O leitor atento substituirá facilmente o Japão pela Rússia, e a Coreia pela Finlândia, Polônia, Curlândia, Ucrânia, Khivá, Bukhara, Estônia e outros territórios não povoados por grão-russos.

Atrevo-me a acalentar a esperança de que o meu opúsculo contribuirá para a compreensão de um problema econômico fundamental, sem cujo estudo é impossível compreender seja o que for quanto ao que são hoje a guerra e a política; refiro-me ao problema da essência econômica do imperialismo.

Petrogrado, 26 de abril de 1917.

---

[2] As línguas de Esopo designam o que, podendo ser encarado sob dois aspectos opostos, concerne igualmente ao louvor e à crítica (N. E.).

[3] Vejam-se os últimos parágrafos do capítulo IX, p. 163-164 (N. E.).

PREFÁCIO ÀS EDIÇÕES
FRANCESA E ALEMÃ[4]

I

Este livro, como se disse no prefácio da edição russa, foi escrito em 1916, tendo em conta a censura tsarista. Atualmente me é impossível refazer todo o texto, trabalho que, de resto, talvez fosse inútil visto o principal objetivo do livro, hoje como ontem, consistir em mostrar, com a ajuda dos dados gerais irrefutáveis da estatística burguesa e das declarações dos cientistas burgueses de todos os países, um panorama do que era a economia mundial capitalista nas suas relações internacionais nos princípios do século XX, às vésperas da principal guerra imperialista mundial.

Até certo ponto, será mesmo útil a muitos comunistas dos países capitalistas avançados persuadirem-se com o exemplo deste livro legal, *do ponto de vista da censura tsarista*, de que é possível – e necessário – aproveitar o pouco de legalidade que ainda lhes resta, por exemplo, nos Estados Unidos atual ou na França, depois das recentes prisões de quase todos os comunistas, para demonstrar toda a mentira das concepções social-pacifistas e das suas esperanças numa "democracia mundial". Tentarei dar neste prefácio os complementos mais indispensáveis a este livro outrora censurado.

---

[4] Este prefácio foi publicado pela primeira vez sob o título "O imperialismo e o capitalismo", no n. 18 da revista *A Internacional Comunista*, correspondente ao mês de outubro de 1921 (N. E.).

II

No livro, prova-se que a guerra de 1914-1918 foi, de ambos os lados, uma guerra imperialista (isto é, uma guerra de conquista, de banditismo e de rapina), uma guerra pela partilha do mundo, pela divisão e nova partilha das colônias, das "esferas de influência" do capital financeiro etc.

A prova do verdadeiro caráter social, ou, melhor dizendo, do verdadeiro caráter de classe de uma guerra não se encontrará naturalmente na sua história diplomática, mas na análise da *situação objetiva das classes* dirigentes em *todas* as potências beligerantes. Para refletir essa situação objetiva, há que se colher não exemplos e dados isolados (dada a infinita complexidade dos fenômenos da vida social, podem-se encontrar sempre os exemplos ou dados isolados que se queira, suscetíveis de confirmar qualquer tese), mas sim, obrigatoriamente, o *conjunto* dos dados sobre os *fundamentos* da vida econômica de *todas* as potências beligerantes e do mundo inteiro.

São, precisamente, dados sumários desse gênero, irrefutáveis, que utilizo ao descrever a maneira como o *mundo estava repartido* em 1876 e em 1914 (cap. VI) e a partilha das ferrovias de todo o globo em 1890 e em 1913 (cap. VII). Estas constituem o balanço dos principais ramos da indústria capitalista, da indústria hulheira e siderúrgica: o balanço e os índices mais concludentes do desenvolvimento do comércio mundial e da civilização democrático-burguesa. Nos capítulos anteriores, demonstramos a ligação das ferrovias com a grande produção, com os monopólios, os sindicatos patronais, os cartéis, os trustes, os bancos, a oligarquia financeira. A desigualdade da distribuição da rede ferroviária e de seu desenvolvimento constitui um expoente do capitalismo moderno, monopolista, em escala mundial. E esse expoente demonstra que, com *essa* base econômica, as guerras imperialistas são absolutamente inevitáveis *enquanto* subsistir a propriedade privada dos meios de produção.

A construção de ferrovias é aparentemente uma empresa simples, natural, democrática, cultural, civilizadora: assim a apresentam os professores burgueses, pagos para embelezar a escravidão capitalista, e os pequeno-burgueses reacionários. Na realidade, os múltiplos laços capitalistas, mediante os quais essas empresas se encontram ligadas à propriedade privada dos meios de produção em geral, transformaram a referida construção de ferrovias num instrumento para oprimir *bilhões* de seres (nas colônias e semicolônias), isto é, mais de metade da população da Terra nos países dependentes e os escravos assalariados do capital nos países "civilizados".

A propriedade privada baseada no trabalho do pequeno patrão, a livre concorrência, a democracia, todas essas palavras de ordem por meio das quais os capitalistas e a sua imprensa enganam os operários e os camponeses pertencem a um passado distante. O capitalismo transformou-se num sistema universal de subjugação colonial e de estrangulamento financeiro da imensa maioria da população do planeta por um punhado de países "avançados". A partilha desse espólio efetua-se entre duas ou três potências rapaces, armadas até os dentes (Estados Unidos, Inglaterra, Japão), que dominam o mundo e arrastam todo o planeta para a sua guerra, pela partilha do seu espólio.

III

A paz de Brest-Litovsk,[5] ditada pela Alemanha monárquica, e depois a paz, muito mais brutal e infame, de Versa-

---

[5] A paz de Brest-Litovsk foi assinada em 3 de março de 1918 pela Rússia soviética e as potências da aliança quatripartida (Alemanha, Áustria-Hungria, Bulgária e Turquia), em Brest-Litovsk, e ratificada em 15 de março pelo IV Congresso Extraordinário dos Sovietes de toda a Rússia. As condições de paz foram extremamente duras para a Rússia (por exemplo: uma parte da Bielorrússia ficava sob o controle da Alemanha e da Áustria-Hungria, a Ucrânia caía na dependência alemã, a Turquia chamava a si Kars, Batumi etc.). Mas esse tratado constituiu uma brilhante exemplificação da sageza e flexibilidade da tática leninista, da aptidão para elaborar, numa situação deveras complexa, a política

lhes,[6] imposta pelas repúblicas "democráticas" dos Estados Unidos e da França e também pela "livre" Inglaterra, prestaram um serviço extremamente útil à humanidade, desmascarando, ao mesmo tempo, os *coolies* da escrita a soldo do imperialismo e os pequeno-burgueses reacionários que – embora se dizendo pacifistas e socialistas – entoavam loas ao wilsonismo[7] e procuravam mostrar que a paz e as reformas são possíveis sob o imperialismo.

Dezenas de milhões de cadáveres e de mutilados, vítimas da guerra – feita para decidir qual grupo de bandoleiros financeiros, o inglês ou o alemão, deveria receber uma maior parte do espólio –, e esses dois "tratados de paz" abrem os olhos, com uma rapidez até agora desconhecida, a milhões e dezenas de milhões de homens atemorizados, oprimidos, iludidos e enganados pela burguesia. Em consequência da ruína mundial, fruto da guerra, cresce, pois, uma crise revolucionária mundial que, por mais longas e penosas

---

mais judiciosa. A assinatura da paz de Brest representou, no fim das contas, um lúcido compromisso político. Depois da Revolução de novembro de 1918, que deitou abaixo a monarquia na Alemanha, o Comitê Executivo Central da Rússia anulou, em 13 do mesmo mês, o tratado de Brest-Litovsk, por ser injusto e espoliador (N. E.).

[6] A paz de Versalhes, tratado que pôs fim à guerra imperialista mundial de 1914-1918, assinado em 29 de junho de 1919 por Estados Unidos da América, Grã-Bretanha, França, Itália, Japão e as potências que se lhes juntaram por um lado, e a Alemanha vencida, por outro. Esse tratado visava consagrar a nova partilha do mundo capitalista em proveito dos países vencedores, assim como criar um sistema de relações internacionais que favorecia o esmagamento da Rússia e do movimento revolucionário do mundo (N. E.).

[7] Wilsonismo: do nome de Woodrow Wilson, presidente dos EUA em 1913-1921. Durante a presidência de W. Wilson, os EUA entraram na guerra imperialista mundial. Ele e seus partidários disfarçavam a política imperialista dos EUA sob palavras de ordem e frases demagógicas e hipócritas sobre a "democracia" e a "união dos povos". Desde os primeiros dias do poder soviético, W. Wilson foi um dos inspiradores e organizadores da intervenção contra a Rússia soviética. Com o fim de opor resistência à influência exercida pela política pacífica do governo soviético sobre as massas populares de todos os países, ele formulou e apresentou um "programa de paz" demagógico, com "14 pontos", e que devia servir de disfarce para a política agressiva dos EUA. A propaganda americana e a imprensa burguesa europeia criaram a Wilson a falsa auréola de lutador pela paz. No entanto, a hipocrisia das frases pequeno-burguesas de Wilson e dos "wilsonistas" foi desmascarada muito rapidamente pela reacionária política antioperária dentro do país e pela política externa agressiva dos EUA (N. E.).

que sejam suas vicissitudes, não poderá terminar senão com a revolução proletária e com a sua vitória.

O Manifesto de Basileia da Segunda Internacional,[8] que já em 1912 caracterizou precisamente a guerra que havia de ter início em 1914, e não a guerra em geral (nem todas as guerras são iguais, existem também as revolucionárias), ficou como um monumento que denuncia toda a vergonhosa bancarrota, toda a apostasia dos heróis da Segunda Internacional.

Por isso incluo esse manifesto como apêndice à presente edição, chamando mais uma vez a atenção dos leitores para o fato de que os heróis da Segunda Internacional evitam todas as passagens do manifesto em que falam com precisão, de maneira clara e direta, da relação entre essa mesma guerra que se avizinha e a revolução proletária, com o mesmo empenho que um ladrão evita o lugar onde cometeu o roubo.

IV

Neste livro, dispensamos especial atenção à crítica do "kautskismo", essa corrente ideológica internacional representada em todos os países do mundo pelos "teóricos mais eminentes", chefes da Segunda Internacional (Otto Bauer & cia. na Áustria, Ramsay

---

[8] O Manifesto de Basileia da Segunda Internacional foi adotado no último dia do Congresso Extraordinário da Internacional Socialista, cujas sessões se efetuaram em Basileia nos dias 24 e 25 de novembro de 1912. O Manifesto alertava os povos contra o perigo iminente de uma guerra mundial, denunciava os objetivos de pilhagem dessa guerra e incitava os operários de todos os países a conduzirem uma luta decidida pela paz opondo "a força da solidariedade internacional do proletariado ao imperialismo capitalista". O Manifesto de Basileia retomava o ponto formulado por Lenin de uma resolução aprovada pelo Congresso de Stuttgart (1907), segundo o qual, no caso de uma guerra imperialista, os socialistas deveriam aproveitar a crise econômica e política provocada pelas hostilidades a fim de lutar por uma revolução socialista. Os líderes da Segunda Internacional votaram no congresso pelo manifesto contra a guerra. No entanto, desde que a guerra começou, esqueceram o Manifesto de Basileia, bem como outras decisões dos congressos socialistas internacionais relativos à luta contra a guerra, e colocaram-se ao lado dos seus governos imperialistas (N. E.).

MacDonald e outros na Inglaterra, Albert Thomas na França etc.) e um número infinito de socialistas, de reformistas, de pacifistas, de democratas burgueses e de clérigos.

Essa corrente ideológica é, por um lado, o produto da decomposição, da putrefação da Segunda Internacional e, por outro, o fruto inevitável da ideologia dos pequeno-burgueses, que, em todas as situações, se mantêm prisioneiros dos preconceitos burgueses e democráticos.

Em Kautsky, e em todos do seu gênero, tais concepções são precisamente a abjuração completa dos fundamentos revolucionários do marxismo que esse autor defendeu durante dezenas de anos, sobretudo, diga-se de passagem, em luta contra o oportunismo socialista (de Bernstein, Millerand, Hyndman, Gompers etc.). Por isso, não é obra do acaso que os "kautskistas" de todo o mundo tenham se unido hoje, no terreno da prática política, aos ultraoportunistas (através da Segunda Internacional, ou Internacional Amarela)[9] e aos governos burgueses (através dos governos de coligação burguesa com participação dos socialistas).

O movimento proletário revolucionário em geral e o movimento comunista em particular, que crescem em todo o mundo, não podem deixar de analisar e desmascarar os erros teóricos do "kautskismo". Isso é tanto mais necessário pelo fato de o pacifismo e a "democracia" em geral – que não guardam nenhuma relação

---

[9] Lenin alude à Internacional Socialista de direita, criada na Conferência de Berna por alguns partidos socialistas da Europa Ocidental em fevereiro de 1919. Também chamada Internacional de Berna ou Internacional Amarela, substituía a Segunda Internacional, que praticamente deixara de existir desde o começo da Primeira Guerra Mundial. Outros partidos que igualmente haviam pertencido à Segunda Internacional, e que procuravam manter a classe operária sob a sua influência, foram obrigados, pela pressão das massas, a romper oficialmente com a Internacional de Berna, que se considerava herdeira da Segunda Internacional, mas que falira vergonhosamente.

Esses partidos centristas constituíram, no decurso de uma conferência realizada em Viena, em fevereiro de 1921, a Internacional dita de Viena, ou Internacional II ½. As duas juntaram-se em 1923, com a designação de Internacional Operária Socialista. Antes, em 1919, fora fundada em Moscou a Terceira Internacional, ou Internacional Comunista, também conhecida por Komintern (N. E.).

com o marxismo, mas que, exatamente como Kautsky & cia., dissimulam a profundidade das contradições do imperialismo e a inelutabilidade da crise revolucionária que este engendra – serem correntes ainda extraordinariamente espalhadas em todo o mundo. A luta contra tais tendências é obrigatória para o partido do proletariado, que deve arrancar da burguesia os pequenos proprietários que ela engana e os milhões de trabalhadores cujas condições de vida são mais ou menos pequeno-burguesas.

V

É necessário dizer algumas palavras a propósito do capítulo VIII: "O parasitismo e a decomposição do capitalismo". Como já dissemos, Hilferding, antigo "marxista", atualmente companheiro de armas de Kautsky e um dos principais representantes da política burguesa reformista no seio do Partido Social-Democrata Independente da Alemanha,[10] nesse ponto, deu um passo atrás em relação ao inglês Hobson, pacifista e reformista *declarado*. A

---

[10] Partido Social-Democrata Independente da Alemanha: partido centrista, fundado em abril de 1917 no Congresso Constitutivo de Gotha. Nas condições de um impulso revolucionário intensificado pela influência da Revolução democrático-burguesa de fevereiro na Rússia, os dirigentes oportunistas do Partido Social-Democrata da Alemanha não cessavam de perder a confiança dos militantes. Para opor-se ao descontentamento das massas, desviar a sua atenção da luta revolucionária e evitar a criação de um partido revolucionário operário, os dirigentes centristas tentaram constituir um partido que lhes permitisse manter as massas sob a sua influência. Esse é o papel que o Partido Social-Democrata Independente da Alemanha foi chamado a desempenhar. Os "independentes" preconizaram a aliança com os social-chauvinistas e caíram na renúncia à luta de classes. A organização de Kautsky, "A Comunidade do Trabalho", formou o núcleo desse partido. O grupo "Espartaqus" também fez parte dele durante um certo tempo, mas conservando a sua independência política e a sua organização autônoma, enquanto prosseguia uma luta clandestina que visava libertar as massas da influência dos líderes centristas. Em 1918, a "Liga Espártaco" rompeu com o Partido Social-Democrata Independente da Alemanha, tendo sido a base sobre a qual se fundou o Partido Comunista da Alemanha.
Em outubro de 1920, o Partido Social-Democrata Independente cindiu-se no congresso de Halle. Uma fração importante fundiu-se, em dezembro do mesmo ano, com o Partido Comunista Alemão. Os elementos de direita formaram um partido separado, que retomou o antigo nome de Partido Social-Democrata Independente e subsistiu até 1922 (N. E.).

cisão internacional de todo o movimento operário já é bastante clara (Segunda e Terceira Internacionais[11]). A luta armada e a guerra civil entre as duas tendências é também um fato evidente: na Rússia, o apoio a Koltchak e Denikin pelos mencheviques[12] e pelos "socialistas revolucionários"[13] contra os bolcheviques; na Alemanha, os partidários de Scheidemann, Noske & cia. ao lado

---

[11] Terceira Internacional ou Internacional Comunista: organização revolucionária do proletariado internacional (1919-1943) que agrupava os partidos comunistas de diversos países. A sua fundação foi ditada pela necessidade histórica, quando, no começo da Primeira Guerra Mundial, o movimento operário se cindiu em consequência da traição da causa do socialismo pelos dirigentes oportunistas da Segunda Internacional e da falência dessa organização. Lenin desempenhou um papel de primeiro plano na criação da Internacional Comunista. A Internacional renovou e consolidou os laços entre os trabalhadores de todos os países, contribuiu para denunciar o oportunismo no seio do movimento operário internacional, para reforçar os jovens partidos comunistas e para aplicar objetivamente a estratégia e a tática do movimento comunista internacional. Em maio de 1943, foi dissolvida por decisão do seu Comitê Executivo, em virtude de já não corresponder às novas condições (N. E.).

[12] Mencheviques: corrente oportunista da social-democracia russa. Os mencheviques receberam essa denominação a partir do XI Congresso do Partido Operário Social-Democrata russo (1903), quando, no final do mesmo, ao serem eleitos os órgãos centrais do partido, ficaram em minoria ("menchinstvó" em russo), ao passo que os social-democratas revolucionários, encabeçados por Lenin, conseguiram a maioria ("bolchinstvó"). É essa a origem das denominações "bolcheviques" (majoritários) e "mencheviques" (minoritários). Depois da Revolução democrático-burguesa de fevereiro de 1917, os mencheviques fizeram parte do governo provisório e apoiaram a sua política imperialista. Durante a guerra civil, eles sustentaram a luta armada contra o poder soviético (N. E.).

[13] Socialistas revolucionários: partido pequeno-burguês fundado na Rússia em fins de 1901 e começos de 1902. Durante a Primeira Guerra Mundial, a maioria dos socialistas revolucionários adotou as posições do social-chauvinismo. Depois da Revolução democrático-burguesa de fevereiro de 1917, os socialistas revolucionários foram, juntamente com os mencheviques, o apoio principal do governo provisório contrarrevolucionário, do qual fizeram parte os seus dirigentes mais destacados. Triunfando a grande Revolução Socialista de Outubro, nos anos da guerra civil e da intervenção militar estrangeira, os socialistas-revolucionários travaram uma luta ativa contra o poder soviético. Já durante a Primeira Guerra Mundial, começou a formar-se no partido socialista revolucionário a ala esquerda, que em novembro de 1917 se constituiu em um partido independente de socialistas-revolucionários de esquerda. Depois da Revolução de Outubro, estes últimos concertaram uma aliança com os bolcheviques e fizeram parte do governo soviético. Mas, em julho de 1918, organizaram um levante armado e empreenderam a senda da luta contra o poder soviético (N. E.).

da burguesia contra os espartaquistas;[14] e o mesmo na Finlândia, na Polônia, na Hungria etc. Qual a base econômica desse fenômeno histórico universal?

Ele encontra-se precisamente no parasitismo e na decomposição do capitalismo, inerentes a seu estágio histórico superior, isto é, ao imperialismo. Como demonstramos neste opúsculo, o capitalismo garantiu uma situação privilegiada a um *punhado* (menos de um décimo da população mundial, ou, em cálculo mais amplo e generoso, menos de um quinto) de países particularmente ricos e poderosos que, com o simples "corte do cupom"[15], saqueiam todo o mundo.

---

[14] Espartaquistas: membros da organização revolucionária dos social-democratas alemães de esquerda que se constituiu em janeiro de 1916 sob a presidência de K. Liebknecht, R. Luxemburgo, F. Mehring, C. Zetkin, J. Marchlewski, L. Ioguishes (Tyszka), W. Pieck. Em abril de 1915, Rosa Luxemburgo e Franz Mehring fundaram a revista *Die Internationale,* em torno da qual se juntaram os principais social-democratas alemães de esquerda. Em 1916, o grupo "Internationale" (que no ano anterior divulgara folhetos políticos) edita e difunde clandestinamente as *Cartas Políticas,* assinadas "Espártaco", as quais aparecem regularmente até outubro de 1918, altura em que o grupo "Internationale" adota o nome de "Espártaco". Os espartaquistas conduziam uma propaganda revolucionária entre as massas, organizavam intervenções antimilitaristas massivas, dirigiam os movimentos de greve, desmascaravam o caráter imperialista da Primeira Guerra Mundial e a traição dos dirigentes oportunistas da social-democracia. No entanto, os espartaquistas cometiam sérios erros em algumas questões teóricas e políticas: negavam a possibilidade de guerras de libertação nacional na época do imperialismo, não interpretavam de maneira consequente a palavra de ordem sobre a transformação da guerra imperialista em guerra civil, subestimavam o papel do partido do proletariado como vanguarda da classe operária e o campesinato como aliado do proletariado e temiam romper resolutamente com os oportunistas. Lenin criticou os erros dos alemães "de esquerda" nos seus trabalhos *Sobre o opúsculo de Junius, O programa militar da revolução proletária, Sobre a caricatura do marxismo* etc. Em abril de 1917, os espartaquistas associaram-se ao Partido Social-Democrata Independente da Alemanha, partido centrista, mas conservaram a sua independência de organização. No decurso da revolução na Alemanha, em novembro de 1918, formaram a "Liga Spartkus" e, tendo publicado em 14 de dezembro o seu programa, romperam com os "independentes". Entre 30 de dezembro de 1918 e 1º de janeiro de 1919, criaram o Partido Comunista da Alemanha.

[15] Lenin se refere aqui aos dividendos gerados a partir de juros. Segundo a definição do *Novíssimo dicionário de Economia*: "No mercado de capitais, cupom é a parte destacável de uma ação ou obrigação utilizada no momento do pagamento dos dividendos ou da entrega de bonificações. O cupom também significa a taxa de juros estampada na face de um título de dívida, cujo emissor se compromete a pagar na data do vencimento, contra recibo do cupom anexado ao título" SANDRONI, P. (org.) *Novíssimo dicionário de Economia*, São Paulo: Best Seller, 1999, p. 146 (N.E.).

A exportação de capitais gera rendimentos de oito a dez bilhões de francos por ano, de acordo com os preços e as estatísticas burguesas de antes da guerra. Naturalmente, agora são muito maiores.

É evidente que tão gigantesco *superlucro* (visto ser obtido para além do lucro que os capitalistas extraem dos operários do seu "próprio" país) *permite corromper* os dirigentes operários e a camada superior da aristocracia operária. E os capitalistas dos países "avançados" corrompem-nos efetivamente: fazem-no de mil e uma maneiras, diretas e indiretas, abertas ou ocultas.

Essa camada de operários aburguesados ou de "aristocracia operária", inteiramente pequeno-burgueses pelo seu modo de vida, pelos seus altos salários e por toda a sua concepção de mundo, constitui o principal apoio da Segunda Internacional e, hoje em dia, o principal *apoio social* (não militar) *da burguesia*, porque são *verdadeiros agentes da burguesia* no seio do movimento operário, lugar-tenentes, operários da classe dos capitalistas (*labour lieutenants of the capitalist class*), verdadeiros veículos do reformismo e do chauvinismo. Na guerra civil entre o proletariado e a burguesia, colocam-se inevitavelmente, em número considerável, ao lado da burguesia, ao lado dos *versaillais* contra os *comunards*.[16]

Sem ter compreendido as raízes econômicas desse fenômeno, sem ter conseguido avaliar a sua importância política e social, é impossível de se avançar um só passo no cumprimento das tarefas práticas do movimento comunista e da revolução social que se avizinha.

O imperialismo é a antecâmara da revolução social do proletariado. Isso foi confirmado, em escala mundial, desde 1917.

6 de julho de 1920.

***

---

[16] *Versaillais* ["versalheses"]: inimigos jurados da Comuna de Paris (1871) e partidários do governo contrarrevolucionário burguês de Thiers, que se estabeleceu em Versalhes após a vitória da Comuna. A repressão desta manifestou-se nos massacres ferozes dos *communards* ["comunardos": partidários da Comuna de Paris]. Depois de 1871, a palavra *versaillais* tornou-se sinônimo de contrarrevolucionário desenfreado (N. E.).

Durante os últimos 15 ou 20 anos, sobretudo depois das guerras hispano-americanas (1898) e anglo-bôer (1899-1902),[17] as publicações econômicas, bem como as políticas, do Velho e do Novo Mundo, utilizam cada vez mais o conceito de "imperialismo" para caracterizar a época que vivemos. Em 1902, apareceu em Londres e Nova York a obra do economista inglês J. A. Hobson *O imperialismo*. O autor, que defende o ponto de vista do social-reformismo e do pacifismo burgueses – que coincide, no fundo, com a posição atual do ex-marxista K. Kautsky –, faz uma descrição excelente e pormenorizada das particularidades econômicas e políticas fundamentais do imperialismo. Em 1910, publicou-se em Viena a obra do marxista austríaco Rudolf Hilferding *O capital financeiro*[18] (tradução russa: Moscou, 1912). Apesar do erro do autor quanto à teoria do dinheiro e de certa tendência para conciliar o marxismo com o oportunismo, a obra mencionada constitui uma análise teórica extremamente valiosa da "fase mais recente do desenvolvimento do capitalismo" (tal é o subtítulo do livro de Hilferding). No fundo, o que se disse acerca do imperialismo durante esses últimos anos – sobretudo no imenso número de artigos publicados em jornais e revistas, assim como nas resoluções tomadas, por exemplo, nos Congressos de Chemnitz[19] e da Basileia, que se realizaram no outono de

---

[17] Guerra hispano-americana de 1898: primeira guerra imperialista para uma nova partilha do mundo. Os imperialistas estadunidenses queriam apossar-se das colônias espanholas da América Central (Cuba e Porto Rico), assim como das Filipinas, igualmente possessão espanhola. A guerra teve como resultado a cedência das colônias mais importantes aos Estados Unidos: Filipinas, Porto Rico e outras ilhas. Cuba, proclamada independente, foi reduzida, de fato, à situação de uma semicolônia dos Estados Unidos.
Guerra anglo-bôer (outubro de 1899 – maio de 1902): guerra de anexação pela Inglaterra contra duas repúblicas sul-africanas, Transvaal e Orange, que perderam a sua independência, tornando-se colônias inglesas (N. E.).

[18] Há edição brasileira desta obra, cf. HILFERDING, R. *O capital financeiro*, São Paulo: Nova cultural, 1985 (N. E.).

[19] Trata-se da resolução adotada em 20 de setembro de 1912 pelo Congresso da social-democracia alemã em Chemnitz sobre o imperialismo e a atitude dos socialistas diante

1912 – nunca foi além do círculo das ideias expostas, ou, melhor dizendo, resumidas nos dois trabalhos mencionados.

Nas páginas que seguem, procuraremos expor sumariamente, da forma mais simples possível, os laços e as relações existentes entre as particularidades econômicas *fundamentais* do imperialismo. Não nos deteremos, por mais que ele o mereça, no aspecto não econômico do problema. Quanto às referências bibliográficas e outras notas que não interessariam a todos os leitores, dá-las-emos no final do livro.[20]

---

da guerra. A resolução condenava a política imperialista e ressaltava a importância da luta pela paz (N. E.).

[20] Na presente edição, as referências e notas do autor estão inseridas no rodapé de cada página (N. E.).

CAPÍTULO I

A CONCENTRAÇÃO DA PRODUÇÃO E OS MONOPÓLIOS

O enorme aumento da indústria e o processo notavelmente rápido de concentração da produção em empresas cada vez maiores constituem uma das particularidades mais características do capitalismo. Os censos industriais modernos fornecem os dados mais completos e exatos sobre o processo.

Na Alemanha, por exemplo, de cada mil empresas industriais, em 1882, três eram grandes, quer dizer, empregavam mais de 50 operários assalariados; em 1895, eram seis; e nove em 1907. De cada cem operários correspondiam-lhes, respectivamente, 22, 30 e 37. Mas a concentração da produção é muito mais intensa do que a dos operários, pois o trabalho nas grandes empresas é muito mais produtivo, como indicam os dados relativos às máquinas a vapor e aos motores elétricos. Se considerarmos aquilo que na Alemanha é chamado de indústria, no sentido lato desta palavra, ou seja, incluindo o comércio, as vias de comunicação etc., obteremos o seguinte quadro: grandes empresas, 30.588 num total de 3.265.623, isto é, apenas 0,9%. Nelas estão empregados 5,7 milhões de operários, num total de 14,4 milhões, isto é, 39,4%; 6,6 milhões de cavalos-vapor para um total de 8,8 milhões, ou seja, 75,3%; 1,2 milhão de *KW* de energia elétrica para um total de 1,5 milhão, ou seja, 77,2%.

Menos de 1% das empresas tem *mais* de três quartos da quantidade total da força motriz a vapor e elétrica! Aos 2,97 milhões de pequenos estabelecimentos (até cinco operários assalariados), que constituem 91% de todas as empresas, correspondem unicamente 7% da energia elétrica e a vapor! Algumas dezenas de milhares de grandes empresas são tudo, os milhões de pequenas empresas não são nada.

Em 1907, havia na Alemanha 586 estabelecimentos com mil ou mais operários. Esses estabelecimentos empregavam quase um *décimo* (1,38 milhão) do número total de operários e quase um terço (32%) do total de energia elétrica e a vapor.[21] O capital-dinheiro e os bancos, como veremos, tornam ainda mais esmagador esse predomínio de um punhado de grandes empresas, e dizemos esmagador no sentido mais literal da palavra, isto é, milhões de pequenos, médios e até uma parte dos grandes "patrões" encontram-se de fato completamente submetidos a umas poucas centenas de capitalistas financeiros milionários.

Noutro país avançado do capitalismo contemporâneo, os Estados Unidos da América do Norte, o aumento da concentração da produção é ainda mais intenso. Neste país, a estatística considera a indústria à parte, na acepção estrita da palavra, e agrupa os estabelecimentos de acordo com o valor da produção anual. Em 1904, havia 1,9 mil grandes empresas (num total de 216.180, isto é, 0,9%), com uma produção de um milhão de dólares ou mais; estas empresas empregavam 1,4 milhão de operários (num total de 5,5 milhões, ou seja, 25,6%), e o valor da produção subia a 5,6 bilhões (em 14,8 bilhões, ou seja, 38%). Cinco anos depois, em 1909, os números correspondentes eram: 3.060 empresas (num total de 268.491, isto é, 1,1%) com 2 milhões de operários (num total de 6,6 milhões, isto é, 30,5%) e 9 bilhões de produção anual (em 20,7 bilhões, isto é, 43,8%).[22]

Quase metade da produção global de todas as empresas do país nas mãos de *um centésimo* do total das empresas! E essas 3 mil

---

[21] Números do *Annalen des Deutschen Reichs*, 1911, Zahn.

[22] *Statistical abstracts of the United States*, 1912, p. 202.

empresas gigantescas abarcam 258 ramos da indústria. Daqui se infere claramente que, ao chegar a um determinado grau do seu desenvolvimento, a concentração por si mesma, por assim dizer, conduz diretamente ao monopólio, visto que é muito fácil para umas quantas dezenas de empresas gigantescas chegarem a um acordo entre si; e, por outro lado, as dificuldades da concorrência e a tendência para o monopólio nascem precisamente das grandes proporções das empresas. Esta transformação da concorrência em monopólio constitui um dos fenômenos mais importantes – para não dizer o mais importante – da economia do capitalismo moderno. É necessário, portanto, que nos detenhamos e a estudemos mais detalhadamente. Mas antes disso devemos eliminar um equívoco possível.

A estatística americana indica: 3 mil empresas gigantescas em 250 ramos industriais. Aparentemente correspondem apenas 12 grandes empresas a cada ramo da produção.

Mas não é assim. Nem todos os ramos da indústria possuem grandes empresas; por outro lado, uma particularidade extremamente importante do capitalismo chegado ao seu mais alto grau de desenvolvimento é a chamada *combinação*, ou seja, a reunião numa só empresa de diferentes ramos da indústria, que, ou representam fases sucessivas da elaboração de uma matéria-prima (por exemplo, a fundição do minério de ferro, a transformação do ferro fundido em aço e, em certos casos, a produção de determinados artigos de aço), ou desempenham um papel auxiliar uns em relação aos outros (por exemplo, a utilização dos resíduos ou dos produtos secundários, a produção de embalagens etc.).

A combinação – diz Hilferding – nivela as diferenças de conjuntura e garante, portanto, à empresa combinada uma taxa de lucro mais estável. Em segundo lugar, a combinação conduz à eliminação do comércio. Em terceiro lugar, permite o aperfeiçoamento técnico e, por conseguinte, a obtenção de lucros suplementares em comparação com as empresas 'simples' (isto é, não combinadas). Em quarto lugar, fortalece a posição da empresa combinada relativamente à 'simples', reforça-a na luta de concorrência durante as fortes depressões (dificuldade nos negócios, crise), quando os preços das matérias-primas caem menos do que os preços dos artigos manufaturados.[23]

O economista burguês alemão Heymann, que consagrou uma obra às empresas "mistas", ou seja, combinadas, na indústria siderúrgica alemã, diz: "As empresas simples perecem, esmagadas pelo preço elevado das matérias-primas e pelo baixo preço dos artigos manufaturados". Daí, resulta o seguinte:

> Por um lado, ficaram as grandes companhias hulheiras com uma extração de carvão que somava vários milhões de toneladas, solidamente organizadas no seu sindicato hulheiro; em seguida, estreitamente ligadas a elas, as grandes fundições de aço com o seu sindicato. Estas empresas gigantescas, com uma produção de aço de 400 mil toneladas por ano, com uma extração enorme de minério de ferro e de hulha, com a sua produção de artigos de aço, com 10 mil operários alojados nos barracões dos bairros operários, que contam por vezes com ferrovias e portos próprios, são os representantes típicos da indústria siderúrgica alemã. E a concentração continua avançando sem cessar. Determinadas empresas se tornam cada dia mais importantes; é cada vez maior o número de estabelecimentos de um ou vários ramos da indústria que se agrupam em empresas gigantescas, apoiadas e dirigidas por meia dúzia de grandes bancos berlinenses. No que toca à indústria mineira alemã, foi demonstrada a exatidão da doutrina de Karl Marx sobre a concentração; é verdade que isto se refere a um país no qual a indústria se encontra defendida por direitos alfandegários protecionistas e pelas tarifas de transporte. A indústria mineira da Alemanha está madura para a expropriação.[24]

Tal é a conclusão a que teve de chegar um economista burguês conscicioso, o que é uma exceção. Há que observar que considera a Alemanha como um caso especial, devido à proteção da sua indústria por elevadas tarifas alfandegárias. Mas esta cir-

---

[23] *O capital financeiro*, p. 286-287 (edição em russo) [cf. ed. bras. cit. p. 192 (N. E.)].

[24] Hans Gideon Heymann, *Die gemischten Werke im deutschen Grosseisengewerbe*, Stuttgart, 1904, p. 256 e 278-279.

cunstância somente acelerou a concentração e a constituição de associações monopolistas patronais, cartéis, sindicatos etc. É de extraordinária importância notar que no país do livre comércio, a Inglaterra, a concentração *também* conduz ao monopólio, ainda que um pouco mais tarde e talvez com outra forma. Eis o que escreve o prof. Hermann Levy, em *Monopólios, cartéis e trustes*, estudo especial feito com base nos dados relativos ao desenvolvimento econômico da Grã-Bretanha:

> Na Grã-Bretanha são precisamente as grandes proporções das empresas e o seu elevado nível técnico que trazem consigo a tendência para o monopólio. Por um lado, a concentração determinou o emprego de enormes capitais nas empresas; por isso, as novas empresas encontram-se perante exigências cada vez mais elevadas no que diz respeito ao volume de capital necessário, e esta circunstância dificulta o seu aparecimento. Mas, por outro lado (e consideramos este ponto o mais importante), cada nova empresa que queira manter-se no nível das empresas gigantes criadas pela concentração deve produzir um aumento tão grande da oferta de mercadorias que a sua venda lucrativa só é possível com a condição de um aumento extraordinário da procura, pois, caso contrário, essa abundância de produtos faz os preços caírem a um nível desvantajoso para a nova fábrica e para as associações monopolistas.

Na Inglaterra, as associações monopolistas de patrões, cartéis e trustes só surgem, na maior parte dos casos – diferentemente dos outros países, nos quais os impostos aduaneiros protecionistas facilitam a cartelização –, quando o número das principais empresas concorrentes se reduz a "umas duas dúzias". "A influência da concentração na formação dos monopólios na grande indústria surge neste caso com uma clareza cristalina."[25]

Há meio século, quando Marx escreveu *O capital*, a livre concorrência era, para a maior parte dos economistas, uma "lei natural". A ciência oficial procurou aniquilar, por meio da conspiração do silêncio, a obra de Marx, que tinha demonstrado, com uma análise

---

[25] S. Hermann Levy, *Monopole, Kartelle und Trusts*, Jena, 1909, p. 286, 290, 298.

teórica e histórica do capitalismo, que a livre concorrência gera a concentração da produção, a qual num certo grau do seu desenvolvimento conduz ao monopólio. Agora o monopólio é um fato. Os economistas publicam montanhas de livros em que descrevem as diferentes manifestações do monopólio e continuam a declarar em coro que o marxismo foi refutado. Mas os fatos são teimosos – como afirma o provérbio inglês – e de bom ou mau grado há que tê-los em conta. Os fatos demonstram que as diferenças entre os diversos países capitalistas, por exemplo no que se refere ao protecionismo[26] ou ao livre comércio, trazem consigo apenas diferenças não essenciais quanto à forma dos monopólios ou ao momento do seu aparecimento, enquanto que o surgimento do monopólio, devido à concentração da produção, é uma lei geral e fundamental do atual estágio de desenvolvimento do capitalismo.

No que se refere à Europa, pode-se fixar com bastante exatidão o momento em que o novo capitalismo veio substituir *definitivamente* o velho: em princípios do século XX. Num dos trabalhos de compilação mais recentes sobre a história da "formação dos monopólios", lemos:

> Podem-se citar alguns exemplos de monopólios capitalistas da época anterior a 1860; podem-se descobrir aí os germes das formas tão comuns na atualidade; mas tudo isso constitui indiscutivelmente a época pré-histórica dos cartéis. O verdadeiro começo dos monopólios contemporâneos, encontramo-lo, no máximo, na década de 1860. O primeiro grande período de desenvolvimento dos monopólios começa com a depressão internacional da indústria na década de 1870 e prolonga-se até princípios da última década do século XIX. Se examinarmos a questão no que se refere à Europa, o desenvolvimento da livre concorrência atinge seu auge entre

---

[26] Protecionismo: política econômica de um Estado destinada a proteger a economia nacional da concorrência estrangeira. Aplica-se através do estímulo financeiro à indústria nacional, dos incentivos à exportação, da limitação das importações. Nas condições do imperialismo, o protecionismo tem um caráter "ofensivo". A sua principal tarefa é a defesa dos setores mais desenvolvidos, altamente monopolizados, da indústria e a conquista de mercados externos através da exportação de capitais, do *dumping* etc. (N. E.).

1860 e 1870. Nesta época, a Inglaterra acabava de erguer a sua organização capitalista em velho estilo. Na Alemanha, esta organização iniciava uma luta decidida contra a indústria artesanal e doméstica e começava a criar as suas próprias formas de existência.

Inicia-se uma transformação profunda com o crack de 1873, ou, mais exatamente, com a depressão que se lhe seguiu e que – com uma interrupção quase imperceptível em princípios da década de 1880 e por um afluxo extraordinariamente vigoroso, mas breve, por volta de 1889 – abarca 22 anos da história econômica da Europa. Durante o breve período de ascenso de 1889 e 1890, os cartéis foram utilizados em grande escala para aproveitar a conjuntura. Uma política irrefletida elevava os preços ainda mais rapidamente e em maiores proporções do que teria acontecido sem os cartéis, e quase todos eles pereceram ingloriamente, foram enterrados 'na fossa do crack'. Decorrem outros cinco anos de maus negócios e preços baixos, mas já não reinava na indústria o estado de espírito anterior: a depressão já não era considerada uma coisa natural, mas, simplesmente, uma pausa antes de uma nova conjuntura favorável.

E o movimento dos cartéis entrou na sua segunda época. Em vez de um fenômeno passageiro, os cartéis tornam-se uma das bases de toda a vida econômica; conquistam, uma após outra, as esferas industriais e, em primeiro lugar, a da transformação de matérias-primas. No início da década de 1890, eles haviam elaborado, na organização do sindicato do coque, que serviu de modelo ao sindicato hulheiro, uma técnica dos cartéis que, em essência, não foi ultrapassada. O grande auge de fins do século XIX e a crise de 1900 a 1903 desenvolveram-se inteiramente, pela primeira vez – pelo menos no que se refere às indústrias mineira e siderúrgica –, sob o signo dos cartéis. E se naquela época isso ainda parecia algo novo, agora é uma verdade evidente para a opinião pública que grandes setores da vida econômica estão, regra geral, fora da livre concorrência.[27]

---

[27] Th. Vogelstein, *Die finanzielle Organisation der Kapitalistichen Industrie und die Monopolbildungen*, em *Grundriss der Sozialökonomik*, parte VI, Tübigen, 1914. Ver, do mesmo autor, *Organizationsformen der Eisenindustrie und der Textilindustrie in England und Amerika*, vol. I, Leipzig, 1910.

IMPERIALISMO, ESTÁGIO SUPERIOR DO CAPITALISMO

Assim, o resumo da história dos monopólios é o seguinte: 1) de 1860 a 1870, o grau superior, o ápice de desenvolvimento da livre concorrência. Os monopólios não constituem mais do que germes quase imperceptíveis; 2) depois da crise de 1873, longo período de desenvolvimento dos cartéis, que ainda constituem apenas uma exceção, ainda não são sólidos, representando somente um fenômeno passageiro; 3) auge de fins do século XIX e crise de 1900 a 1903: os cartéis passam a ser uma das bases de toda a vida econômica. O capitalismo transformou-se em imperialismo.

Os cartéis estabelecem entre si acordos sobre as condições de venda, os prazos de pagamento etc. Repartem os mercados de venda. Fixam a quantidade de produtos a fabricar. Estabelecem os preços. Distribuem os lucros entre as diferentes empresas etc.

Em 1896, na Alemanha, o número de cartéis era de aproximadamente 250, passando para 385 em 1905, abarcando cerca de 12 mil empresas.[28] Mas todos reconhecem que estes números são inferiores à realidade. Dos dados estatísticos da indústria alemã de 1907 que citamos acima, deduz-se que mesmo esses 12 mil grandes estabelecimentos concentram seguramente mais de metade de toda a energia a vapor e elétrica. Nos Estados Unidos da América do Norte, o número de trustes era de 185 em 1900 e de 250 em 1907. A estatística americana divide todas as empresas industriais em empresas pertencentes a indivíduos, a sociedades e a corporações. A estas últimas pertenciam, em 1904, 23,6%, e, em 1909, 25,9%, isto é, mais de um quarto do total das empresas. Nos referidos estabelecimentos trabalhavam 70,6% dos operários em 1904, e 75,6% em 1909, isto é, três quartos do total. O mon-

---

[28] Dr. Riesser, *Die deutschen Grossbanken und ihre Konzentration im Zusammenhange mit der Entwicklung der Gesamtwirtschaft in Deutschland*, 4ª ed., 1912, p. 149; R. Liefmann, *Kartelle und Trusts und die Weiterbildung der volkswirtschaftlichen Organization*, 2ª ed., 1910, p. 25.

tante da produção era, respectivamente, de 10,9 e 16,3 bilhões de dólares, ou seja, 73,7% e 79% do total.

Nas mãos dos cartéis e trustes concentram-se frequentemente sete ou oito décimos de toda a produção de um determinado ramo industrial. O sindicato hulheiro da Renânia-Westfália, no momento da sua constituição, em 1893, concentrava 86,7% de toda a produção de carvão daquela bacia, e, em 1910, já dispunha de 95,4%.[29] O monopólio assim constituído garante lucros enormes e conduz à criação de unidades técnicas de produção de proporções imensas. O famoso truste do petróleo dos Estados Unidos (Standard Oil Company) foi fundado em 1900.

O seu capital era de 150 milhões de dólares. Foram emitidas ações ordinárias no valor de 100 milhões de dólares e ações privilegiadas no valor de 106 milhões de dólares. Estas últimas auferiram os seguintes dividendos entre 1900 e 1907: 48%, 48%, 45%, 44%, 36%, 40%, 40% e 40%, ou seja, um total de 367 milhões de dólares. De 1882 a 1907 foram obtidos 889 milhões de dólares de lucros líquidos, dos quais 606 milhões foram distribuídos a título de dividendos, e o restante passou a capital de reserva.[30]

No conjunto das empresas do truste do aço (United States Steel Corporation), trabalhavam, em 1907, pelo menos 210.180 operários e empregados. A empresa mais importante da indústria alemã, a Sociedade Mineira de Gelsenkirchen (Gelsenkirchener Bergwerksgesellschaft), dava trabalho, em 1908, a 46.048 operários e empregados.[31]

Em 1902, o truste do aço já produzia 9 milhões de toneladas.[32] Em 1901, a sua produção constituía 66,3% e, em 1908, 56,1%

---

[29] Dr. Fritz Kestner, *Der Organisationszwang. Eine Undersuchung über die Kämpfe zwischen Kartellen und Aussenseitern*, Berlin, 1912, p. 11.

[30] R. Liefmann, *Beteiligungs – und Finanzierungsgesellschaften. Eine Studie über den modernen Kapitalismus und das Effektenwesen*, 1ª ed., Jena, 1919, p. 212.

[31] *Ibid.*, p. 218.

[32] Dr. S. Tschierschky, *Kartell und Trust*, Göttingen, 1903, p. 13.

IMPERIALISMO, ESTÁGIO SUPERIOR DO CAPITALISMO

de toda a produção de aço dos Estados Unidos.[33] A sua extração de minério de ferro constituía 43,9% e 46,3%, respectivamente. O relatório de uma comissão governamental americana sobre os trustes diz:

> A grande superioridade dos trustes sobre os seus concorrentes baseia-se nas grandes proporções das suas empresas e no seu excelente equipamento técnico. O truste do tabaco, desde o dia da sua fundação, dedicou todos os seus esforços para substituir por toda parte, e em grande escala, o trabalho manual pelo trabalho mecânico. Com este objetivo, adquiriu todas as patentes que tivessem qualquer relação com a elaboração do tabaco, investindo nisso somas enormes. Muitas patentes foram, a princípio, inutilizáveis, e tiveram de ser modificadas pelos engenheiros que se encontravam a serviço do truste. Em fins de 1906, foram constituídas duas sociedades filiais com o único objetivo de adquirir patentes. Com este mesmo fim, o truste montou as suas próprias fundições, as suas fábricas de maquinaria e as suas oficinas de manutenção. Um destes estabelecimentos, o do Brooklyn, emprega, em média, 300 operários; nele se experimentam e se aperfeiçoam os inventos relacionados com a produção de cigarros, pequenos charutos, rapé, papel alumínio para as embalagens, caixas etc.[34] Há outros trustes que têm ao seu serviço os chamados *developing engineers* (engenheiros para o desenvolvimento da técnica), cuja missão consiste em inventar novos processos de produção e experimentar inovações técnicas. O truste do aço concede, aos seus engenheiros e operários, prêmios importantes pelos inventos suscetíveis de elevar a técnica ou reduzir os custos.[35]

O aperfeiçoamento técnico na grande indústria alemã está organizado da mesma maneira, por exemplo, na indústria química, que se desenvolveu em proporções gigantescas durante estas últimas décadas. Em 1908, o processo de concentração da produção

---

[33] Th. Volgelstein, *Organisationsformen*, p. 275.

[34] Report of the Commissioner of Corporations on the Tobacco Industry, Washington, 1909, p. 266. Extraído do livro do Dr. Paul Tafel *Die nordamerikanischen Trusts und ibre Wirkungen auf den Fonschritt der Technik*, Stuttgart, 1913, p. 48.

[35] *Ibid.*, p. 48-49.

tinha dado origem nesta indústria a dois "grupos" principais, que tendiam, à sua maneira, para o monopólio. A princípio, esses grupos constituíam "duplas alianças" de dois pares de grandes fábricas com um capital de 20 a 21 milhões de marcos cada uma: por um lado, a antiga fábrica Meister, em Höchst, e a de Cassella, em Frankfurt am Main; por outro, a fábrica de anilina e soda de Ludwigshafen e a antiga fábrica Bayer, em Elberfeld. Então, um grupo, em 1905, e o outro, em 1908, fecharam acordos, cada qual por sua conta, com outra grande fábrica. Daí resultaram duas "triplas alianças" com um capital de 40 a 50 milhões de marcos cada uma, que começaram a se "aproximar", a chegar a "um acordo" sobre os preços etc.[36]

A concorrência transforma-se em monopólio. Daí resulta um gigantesco progresso na socialização da produção. Socializa-se também, em particular, o processo das invenções e dos aperfeiçoamentos técnicos.

Isso é algo bastante diferente da antiga livre concorrência entre patrões dispersos que não se conheciam e que produziam para um mercado ignorado. A concentração chegou a tal ponto que se pode fazer um inventário aproximado de todas as fontes de matérias-primas (por exemplo, jazigos de minérios de ferro) de um país e, ainda, como veremos, de vários países e de todo o mundo. Não só se realiza este inventário como associações monopolistas gigantescas se apoderam das referidas fontes. Calcula-se aproximadamente a capacidade do mercado que estes grupos "partilham entre si" por contrato. Monopoliza-se a mão de obra especializada, contratam-se os melhores engenheiros; apodera-se das vias e meios de comunicação – as ferrovias na América e as companhias de navegação na Europa e na América vão parar nas mãos dos monopólios. O capitalismo, em seu estágio imperialista,

---

[36] Rieser, *op. cit.*, p. 547 e ss. Da 3ª edição. Os jornais dão conta (junho de 1916) da constituição de um novo truste gigantesco da indústria química da Alemanha.

conduz praticamente à socialização integral da produção; arrasta, por assim dizer, os capitalistas, contra sua vontade e sem que disso tenham consciência, para uma nova ordem social, de transição entre a mais livre concorrência e a completa socialização.

A produção passa a ser social, mas a apropriação continua a ser privada. Os meios sociais de produção continuam a ser propriedade privada de um reduzido número de indivíduos. Mantém-se o quadro geral da livre concorrência formalmente reconhecida, e o jugo de uns quantos monopolistas sobre o resto da população torna-se cem vezes mais pesado, mais sensível, mais insuportável.

O economista alemão Kestner consagrou uma obra especial à "luta entre os cartéis e os *outsiders*", quer dizer, os empresários que não fazem parte dos cartéis. Intitulou essa obra *A organização forçada*, quando devia ter falado, evidentemente, para não embelezar o capitalismo, da coação a subordinar-se às associações monopolistas. É esclarecedor lançar uma simples vista de olhos ainda que somente à lista dos meios a que recorrem as referidas associações na luta moderna, atual, civilizada, pela "organização": 1) privação de matérias-primas ("... um dos processos mais importantes para se obrigar a entrar no cartel"); 2) privação de mão de obra mediante "alianças" (quer dizer, mediante acordos entre os capitalistas e os sindicatos operários para que estes últimos só aceitem trabalho nas empresas cartelizadas); 3) privação de meios de transporte; 4) privação de possibilidades de venda; 5) acordo com os compradores para que estes mantenham relações comerciais unicamente com os cartéis; 6) diminuição sistemática dos preços (com o objetivo de arruinar os *outsiders*, isto é, as empresas que não se submetem aos monopólios. Durante um certo tempo, gastam-se milhões para vender a preços abaixo do custo: na indústria da gasolina ocorreram casos de redução de preço de 40 para 22 marcos, quer dizer, quase metade!); 7) privação de créditos; 8) boicote.

Já não nos encontramos em presença da luta da concorrência entre pequenas e grandes empresas, entre estabelecimentos tecnicamente atrasados e estabelecimentos de técnica avançada. Encontramo-nos frente ao estrangulamento, pelos monopolistas, de todos aqueles que não se submetem ao monopólio, ao seu jugo, à sua arbitrariedade. Eis como este processo se reflete na consciência de um economista burguês:

> Mesmo no terreno da atividade puramente econômica – escreve Kestner –, produz-se um determinado deslocamento da atividade comercial, no antigo sentido da palavra, da atividade comercial para a especulação organizada. Os maiores êxitos não vão para o comerciante que, valendo-se da sua experiência técnica e comercial, sabe determinar melhor as necessidades do comprador, encontrar e, por assim dizer, 'descobrir' a demanda em estado latente; vão para o gênio (?!) especulativo que sabe calcular antecipadamente ou, pelo menos, pressentir o desenvolvimento organizacional, a possibilidade de se estabelecerem determinados laços entre as diferentes empresas e os bancos (...)

Traduzido em linguagem comum, isto significa: o desenvolvimento do capitalismo chegou a tal ponto que, apesar da produção mercantil continuar "reinando" como antes e ser considerada a base de toda a economia, ela já se encontra minada na realidade, e os lucros principais vão para os "gênios" das maquinações financeiras. Estas maquinações e estas trapaças têm a sua base na socialização da produção, mas o imenso progresso da humanidade, que chegou a essa socialização, beneficia... os especuladores. Mais adiante veremos como, "baseando-se nisto", a crítica pequeno-burguesa reacionária do imperialismo capitalista sonha em voltar *atrás*, à concorrência "livre", "pacífica" e "honesta".

> Até agora, o aumento duradouro dos preços como resultado da constituição dos cartéis – diz Kestner – só se observou nos principais meios de produção, sobretudo na hulha, no ferro e na potassa; por outro lado, nunca se verificou nos artigos manufaturados. O aumento dos lucros motivado por esse fenômeno está, da mesma maneira, limitado à indústria dos meios

de produção. Há que completar esta observação com a de que a indústria de transformação das matérias-primas (e não de produtos semimanufaturados) não só obtém da constituição de cartéis vantagens sob a forma de lucros elevados, em prejuízo das indústrias de transformação dos produtos semimanufaturados, como adquire sobre esta última uma *certa relação de dominação* que não existia sob a livre concorrência.[37]

As palavras que sublinhamos mostram o fundo da questão que os economistas burgueses reconhecem de tão má vontade e só de vez em quando e que os defensores atuais do oportunismo, com Kautsky à frente, tanto se empenham em não ver e em silenciar. As relações de dominação e a violência ligada a ela, eis o que é típico do "estágio mais recente do desenvolvimento do capitalismo", eis o que inevitavelmente tinha de derivar, e derivou, da constituição de monopólios econômicos todo-poderosos.

Citemos outro exemplo da dominação dos cartéis. Onde é possível apoderar-se de todas ou das mais importantes fontes de matérias-primas, o aparecimento de cartéis e a constituição de monopólios são particularmente fáceis. Mas seria um erro pensar que os monopólios não surgem também noutros ramos industriais em que a conquista das fontes de matérias-primas é impossível. A indústria do cimento encontra matéria-prima em toda a parte. Não obstante, ela também está muito cartelizada na Alemanha. As fábricas agruparam-se em sindicatos regionais: o da Alemanha do Sul, o da Renânia-Westfália etc. Vigoram preços de monopólio: de 230 a 280 marcos por vagão, quando o custo de produção é de 180 marcos! As empresas proporcionam dividendos de 12% a 16%; não esquecer também que os "gênios" da especulação contemporânea sabem canalizar grandes lucros para os seus bolsos, além daqueles que repartem sob a forma de dividendos. Para eliminar a concorrência numa indústria tão lucrativa, os monopolistas valem-se inclusive de diversas artimanhas: fazem circular boatos

---

[37] Kestner, *op. cit.*, p. 254.

sobre a má situação da indústria; publicam anúncios anônimos nos jornais: "Capitalistas: não coloquem os seus capitais na indústria do cimento!"; por último, compram as empresas *outsiders* (quer dizer, dos que não fazem parte dos sindicatos) pagando 60, 80 e 150 mil marcos de "indenização".[38] O monopólio abre caminho em toda a parte, valendo-se de todos os meios, desde o pagamento de uma "modesta" indenização até o "recurso" americano do emprego da dinamite contra o concorrente.

A supressão das crises pelos cartéis é uma fábula dos economistas burgueses, cujo principal empenho está em embelezar o capitalismo. Ao contrário, o monopólio que se cria em *certos* ramos da indústria aumenta e agrava o caos próprio de *toda* produção capitalista em seu conjunto. Acentua-se ainda mais a desproporção, característica do capitalismo em geral, entre o desenvolvimento da agricultura e o da indústria. A situação de privilégio em que se encontra a indústria mais cartelizada, chamada indústria *pesada*, particularmente a hulha e o ferro, determina nos restantes ramos da indústria "a falta ainda maior de coordenação", como reconhece Jeidels, autor de um dos melhores trabalhos sobre "as relações entre os grandes bancos alemães e a indústria".[39] "Quanto mais desenvolvida está uma economia nacional – escreve Liefmann, defensor descarado do capitalismo – tanto mais se dirige para empreendimentos de risco ou, no exterior, para empreendimentos que exigem um largo prazo de maturação ou, enfim, àqueles que só têm relevância local."[40]

O aumento do risco vai de par, ao fim e ao cabo, com o aumento gigantesco de capital, que, por assim dizer, transborda, corre para o estrangeiro etc. Ao mesmo tempo, os progressos extremamente rápidos da técnica trazem consigo cada vez mais

---

[38] L. Eschwege, "Zement", em *Die Bank* (15), 1909, I, p. 115 e ss.

[39] Jeidels, *Das Verhältnis der deutschen Grossbanken zur Industrie mit besonderer Berücksichtigung der Eisenindistrie*, Leipzig, 1905, p. 271.

[40] Liefmann, *Beteiligugns* – etc. *Ges.*, p. 434.

elementos de desproporção entre as diferentes partes da economia nacional, elementos de caos e de crise. "Provavelmente – vê-se obrigado a reconhecer o mesmo Liefmann – a humanidade assistirá num futuro próximo a novas e grandes revoluções no campo da técnica, cujos efeitos também recairão sobre a organização da economia nacional"... a eletricidade, a aviação... "Habitualmente, e em regra geral, nestes períodos de radicais transformações econômicas desenvolve-se uma forte especulação...".[41]

E as crises – as crises de toda a espécie, sobretudo as econômicas, mas não só estas – aumentam, por sua vez, em proporções enormes, a tendência para a concentração e para o monopólio. Eis algumas reflexões extraordinariamente elucidativas de Jeidels sobre o significado da crise de 1900, que, como sabemos, foi um ponto de viragem na história dos monopólios modernos:

> A crise de 1900 produziu-se num momento em que, ao lado de gigantescas empresas nos ramos principais da indústria, existiam ainda muitos estabelecimentos com uma organização antiquada segundo o critério atual, estabelecimentos 'simples' (isto é, não combinados), que tinham crescido na onda do auge industrial. A queda dos preços e a diminuição da demanda levaram essas empresas 'simples' a uma situação calamitosa que ou não afetou de maneira alguma as gigantescas empresas combinadas ou as afetou apenas durante um período muito curto. Como consequência disto, a crise de 1900 determinou a concentração da indústria em proporções incomparavelmente maiores do que a de 1873: esta última também havia efetuado uma certa seleção das melhores empresas, se bem que, dado o nível técnico de então, esta seleção não pudera conduzir ao monopólio as que haviam saído vitoriosas da crise. As empresas gigantescas das indústrias siderúrgica e elétrica atuais gozam precisamente desse monopólio persistente, e em alto grau, graças ao seu equipamento técnico muito complexo, à sua extensa organização e ao poder do seu capital; e também, em menor

---

[41] *Ibid.*, p. 465-466.

grau, as empresas de construção de maquinaria, de determinados ramos da indústria metalúrgica, das vias de comunicação etc.).[42]

O monopólio é a última palavra do "estágio mais recente de desenvolvimento do capitalismo". Mas o nosso conceito da força efetiva e do significado dos monopólios atuais seria extremamente insuficiente, incompleto, reduzido, se não tomássemos em consideração o papel dos bancos.

---

[42] Jeidels, *op. cit.*, p. 108.

CAPÍTULO II

OS BANCOS E O SEU NOVO PAPEL

A operação fundamental e inicial que os bancos realizam é a de intermediários nos pagamentos. É assim que eles convertem o capital-dinheiro inativo em capital ativo, isto é, em capital que rende lucro; reúnem toda a espécie de rendimentos em dinheiro e os colocam à disposição da classe capitalista.

À medida que os bancos se desenvolvem e se concentram num número reduzido de estabelecimentos, eles convertem-se, de modestos intermediários que eram, em monopolistas onipotentes que dispõem de quase todo o capital-dinheiro do conjunto dos capitalistas e de pequenos patrões, bem como da maior parte dos meios de produção e das fontes de matérias-primas de um ou de muitos países. Esta transformação dos numerosos intermediários modestos num punhado de monopolistas constitui um dos processos fundamentais da transformação do capitalismo em imperialismo capitalista, e por isso devemos deter-nos, em primeiro lugar, na concentração bancária.

No exercício de 1907-1908, os depósitos de todas as sociedades anônimas bancárias da Alemanha que possuíam um capital de mais de 1 milhão de marcos eram de 7 bilhões de marcos; no exercício de 1912-1913, tinham subido para 9,8 bilhões. Um aumento de 40% em cinco anos, com a particularidade que, desses 2,8 bilhões de aumento, 2,75 bilhões correspondiam a 57 bancos com um capital de mais de 10 milhões de marcos. A distribuição dos depósitos entre os bancos grandes e pequenos era a seguinte: [43]

PERCENTAGEM DE TODOS OS DEPÓSITOS

	Nos nove grandes bancos berlinenses	Nos 48 bancos restantes com capital superior a 10 milhões de marcos	Nos 115 bancos com capital de 1 a 10 milhões de marcos	Nos bancos pequenos (com menos de 1 milhão)
1907-1908	47	32,5	16,5	4
1912-1913	49	36	12	3

Os bancos pequenos vão sendo deslocados pelos grandes, nove dos quais concentram quase metade de todos os depósitos. E aqui ainda não se têm em conta muitos elementos, por exemplo a transformação de numerosos bancos pequenos em simples sucursais dos grandes etc., do que trataremos mais adiante.

Em fins de 1913, Schulze-Gaevernitz calculava os depósitos dos nove grandes bancos berlinenses em 5,1 bilhões de marcos para um total de aproximadamente 10 bilhões. Tomando em consideração não só os depósitos, mas todo o capital bancário, esse mesmo autor escrevia:

Em fins de 1909, os nove grandes bancos berlinenses, *contando com os bancos a eles afiliados*, controlavam 11,3 bilhões de marcos, isto é, cerca de 83% de todo o capital bancário alemão. O Banco Alemão (Deutsche Bank), que controla, contando com os bancos a ele *afiliados*, cerca de 3 bilhões de marcos, representa a acumulação de capital mais considerável do Velho Mundo, ao lado da administração prussiana das ferrovias do Estado, com a particularidade de estar altamente descentralizada.[44]

---

[43] Alfred Langsburg, "Fünf Jahre Deutsches Bankwesen", *in: Die Bank* n. 8, p. 728.

[44] Schulze-Gaevernitz, "Die deutsche Kreditbank", *in: Grudriss der Sozialökonomik*, Tübingen, 1915, p. 12 e 137.

Sublinhamos a indicação relativa aos bancos *"afiliados"* porque se refere a uma das características mais importantes da concentração capitalista moderna. Os grandes estabelecimentos, particularmente os bancos, não só absorvem diretamente os pequenos como os "incorporam", os subordinam, os incluem no "seu" grupo, no seu "consórcio" – segundo o termo técnico – por meio da "participação" no seu capital, da compra ou da troca de ações, do sistema de créditos etc. etc. O prof. Liefmann consagrou todo um volumoso "trabalho" de 500 páginas à descrição das "sociedades de participação e financiamento" contemporâneas,[45] mas, infelizmente, acrescentando raciocínios "teóricos" de muito baixa qualidade a um material bruto, frequentemente mal digerido. O sr. Riesser, "personalidade" do mundo das finanças, demonstra em sua obra sobre os grandes bancos alemães, da maneira mais clara possível, os resultados deste sistema de "participação" do ponto de vista da concentração. Todavia, antes de analisarmos os seus dados, examinaremos um exemplo concreto do sistema de "participação".

O "grupo" do Banco Alemão [Deutsche Bank] é um dos mais importantes, para não dizer o mais importante, dos grupos de grandes bancos. Para nos apercebermos dos laços principais que ligam entre si todos os bancos do grupo mencionado, é necessário distinguirmos as "participações" de primeiro, segundo e terceiro grau, ou, o que é o mesmo, a dependência (dos bancos menores em relação ao Banco Alemão [Deutsche Bank]) de primeiro, segundo e terceiro grau. Os resultados são os seguintes[46]:

---

[45] R. Liefmann, *Beteiligungs – und Finanzierungsgesellschaften, Eine Studie über den modernen Kapitalismus und das Effektenwesen*, 1ª ed., Jena, 1909, p. 212.

[46] Alfred Lansburgh, "Das Beteiligungssystem im deunchen Bankwesen", *Die Bank*, 1901, I, p. 500.

O Banco Alemão participa	Dependência de 1º grau	Dependência de 2º grau	Dependência de 3º grau
permanentemente	em 17 bancos	dos quais 9 participam noutros 34	dos quais 4 participam noutros 7
por tempo indeterminado	em 5 bancos	—	—
ocasionalmente	em 8 bancos	dos quais 5 participam noutros 14	dos quais 2 participam noutros 2
Total	em 30 bancos	dos quais 14 participam noutros 48	dos quais 6 participam noutros 9

Entre os oito bancos "dependentes de primeiro grau", subordinados ao Banco Alemão "ocasionalmente", três são estrangeiros: um austríaco (a Sociedade Bancária – *Bankverein* – de Viena) e dois russos (o Banco Comercial Siberiano – *Sibirski Torgovi Bank* e o Banco Russo de Comércio Externo – *Russki Bank dlia Vnechnei Torgovli*). No total, fazem parte do grupo do Banco Alemão, direta ou indiretamente, parcial ou totalmente, 87 bancos, e o capital total, próprio ou alheio, que o grupo controla calcula-se em 2 ou 3 bilhões de marcos.

É evidente que um banco que se encontra à frente de tal grupo e que se põe de acordo com meia dúzia de outros bancos quase tão importantes como ele – para operações financeiras particularmente volumosas e lucrativas, tais como os empréstimos públicos – já deixou de ser um "intermediário" para se converter na associação de um punhado de monopolistas.

Os dados a seguir, de Riesser, que citamos de forma abreviada, mostram a rapidez com que, em fins do século XIX e princípios do século XX, se efetuou a concentração bancária na Alemanha:

Seis grandes bancos berlinenses tinham

Anos	Sucursais na Alemanha	Caixas de depósito e casas de câmbio	Participações constantes em sociedades anônimas bancárias alemãs	Total de estabelecimentos
1895	16	14	1	42
1900	21	40	8	80
1911	104	276	63	450

Estes dados permitem ver a rapidez com que cresce a densa rede de canais que abarca todo o país, centraliza todos os capitais e rendimentos em dinheiro, converte milhares e milhares de empresas dispersas numa única empresa capitalista, a princípio nacional e depois mundial. A "descentralização" de que falava Schulze-Gaevernitz, na citação que reproduzimos acima, em nome da economia política burguesa dos nossos dias, consiste, na realidade, na subordinação a um centro único de um número cada vez maior de unidades econômicas que antes eram relativamente "independentes", ou, para sermos mais exatos, que possuíam um caráter estritamente local. Trata-se pois, com efeito, de uma *centralização*, de um reforço do papel, da importância e do poder dos gigantes monopolistas.

Nos países capitalistas mais velhos, a referida "rede bancária" é ainda mais densa. Na Inglaterra, com a Irlanda, em 1910 o número de sucursais de todos os bancos era de 7.151. Quatro grandes bancos tinham mais de 400 sucursais cada um (de 447 a 689); seguiam-se outros quatro, com mais de 200, e 11 com mais de cem.

Na França, os *três* bancos mais importantes, o Crédit Lyonnais, o Comptoir National e a Société Générale ampliaram as suas operações e a rede das suas sucursais do seguinte modo:[47]

---

[47] Eugen Kaufmann, *Das französische Bankwesen*, Tübingen, 1911, p. 356 e 362.

	Número de sucursais e de agências			Capitais (em milhões de francos)	
	Na província	Em Paris	Total	Próprios	Alheios
1870	47	17	64	200	427
1890	192	66	258	265	1.245
1909	1.033	196	1.229	887	4.363

Para caracterizar as "relações" de um grande banco moderno, Riesser fornece dados sobre o número de cartas enviadas e recebidas pela Sociedade de Desconto (*Disconto-Gesellschaft*), um dos bancos mais importantes da Alemanha e de todo o mundo (o seu capital chegava, em 1914, a 300 milhões de marcos):

Anos	Número de cartas	
	Recebidas	Expedidas
1852	6.135	6.292
1870	85.800	87.513
1900	533.102	626.043

No grande banco parisiense Crédit Lyonnais, o número de contas correntes, que em 1875 era de 28.535, passou em 1912[48] para 633.539.

Estes simples números mostram, talvez com maior evidência do que longos raciocínios, como a concentração do capital e o aumento do movimento dos bancos modificam radicalmente a importância destes últimos. Os capitalistas dispersos acabam por constituir um capitalista coletivo. Ao movimentar contas correntes de vários capitalistas, o banco realiza, aparentemente, uma operação puramente técnica, unicamente auxiliar. Mas, quando esta operação cresce até atingir proporções gigantescas, resulta que um punhado de monopolistas subordina as operações comerciais e

---

[48] Jean Lescure, *L'épargne en France*, Paris, 1914, p. 52.

industriais de toda a sociedade capitalista, colocando-se em condições – por meio das suas relações bancárias, das contas correntes e de outras operações financeiras – primeiro de *conhecer com exatidão* a situação dos diferentes capitalistas, depois de *controlá-los*, exercer influência sobre eles mediante a ampliação ou a restrição do crédito, facilitando-o ou dificultando-o e, finalmente, de *decidir inteiramente* sobre o seu destino, determinar a sua rentabilidade, privá-los de capital ou permitir-lhes aumentá-lo rapidamente e em grandes proporções etc.

Acabamos de mencionar o capital de 300 milhões de marcos da Sociedade de Desconto de Berlim. Este aumento de capital da referida sociedade foi um dos episódios da luta pela hegemonia entre os dois bancos berlinenses mais importantes: o Banco Alemão e a Sociedade de Desconto. Em 1870, o primeiro, que então acabava de aparecer em cena, tinha um capital de 15 milhões, enquanto o do segundo somava 30 milhões. Em 1908, o primeiro tinha um capital de 200 milhões; o do segundo era de 170 milhões. Em 1914, o primeiro elevou o seu capital para 250 milhões; o segundo, mediante a fusão com outro banco importantíssimo, a Aliança Bancária Schaffhausen, passou o seu para 300 milhões. E, naturalmente, esta luta pela hegemonia se desenvolve paralelamente aos "acordos", cada vez mais frequentes e mais sólidos, entre os dois bancos. Eis as conclusões que este desenvolvimento dos bancos suscita em alguns especialistas em questões bancárias que examinam os problemas econômicos de um ponto de vista restrito aos limites do reformismo burguês mais moderado e circunspecto:

> Os demais bancos seguirão o mesmo caminho – dizia a revista alemã *Die Bank* a propósito da elevação do capital da Sociedade de Desconto para 300 milhões – e as 300 pessoas que no momento atual regem os destinos econômicos da Alemanha ver-se-ão reduzidas, com o tempo, a 50, 25 ou menos ainda. Não se pode esperar que o movimento moderno de concentração fique circunscrito aos bancos. As estreitas relações entre

diferentes bancos conduzem também, naturalmente, à aproximação entre os sindicatos de industriais que estes bancos protegem (...). Um belo dia acordaremos, e, diante dos nossos olhos espantados, haverá somente trustes, nos encontraremos na necessidade de substituir os monopólios privados pelos monopólios de Estado. Contudo, na realidade, nada teremos de que nos censurar, a não ser o fato de termos deixado que a marcha das coisas decorresse livremente, um pouco acelerada pelo uso das ações.[49]

Eis um exemplo da impotência do jornalismo burguês, do qual a ciência burguesa se distingue apenas por uma menor franqueza e pela tendência em ocultar o fundo das coisas, em esconder o bosque atrás das árvores. "Espantar-se" com as consequências da concentração, "fazer censuras" ao governo da Alemanha capitalista ou à "sociedade" capitalista ("nós"), temer a "aceleração" da concentração provocada pela introdução das ações, do mesmo modo que um especialista alemão "em cartéis", Tschierschky, teme os trustes americanos e "prefere" os cartéis alemães porque, segundo ele, não são tão suscetíveis "de acelerar, de forma tão excessiva como os trustes, o progresso técnico e econômico",[50] não será tudo isto prova de impotência?

Mas fatos são fatos. Na Alemanha não há trustes, há "apenas" cartéis, mas o país é *dirigido* quando muito por 300 magnatas do capital, e esse número diminui incessantemente. Os bancos, em todo caso, em todos os países capitalistas, qualquer que seja a diferença entre as legislações bancárias, intensificam e muitas vezes tornam mais rápido o processo de concentração do capital e de constituição de monopólios.

"Os bancos criam, à escala social, a forma, mas nada mais que a forma, de uma contabilidade geral e de uma distribuição geral dos meios de produção" – escrevia Marx, há meio século,

---

[49] Alfred Langsburg, "Die Bank mit den 300 Milionen", *Die Bank*, 1914, 1, p. 426.
[50] S. Tschierschky, *op. cit.*, p. 128.

em *O capital*[51] (trad. rus., t. III, parte II, p. 144). Os dados que reproduzimos, referentes ao aumento do capital bancário, do número de agências e sucursais dos bancos mais importantes e suas contas correntes etc., mostram-nos concretamente essa "contabilidade geral" de *toda* a classe capitalista, e não só capitalista, pois os bancos reúnem, ainda que apenas temporariamente, os rendimentos em dinheiro de todo o gênero, tanto dos pequenos patrões como dos empregados e de uma reduzida camada superior dos operários. A "distribuição geral dos meios de produção": é o que *surge* – do ponto de vista formal – dos bancos modernos; de três a seis dos bancos mais importantes na França e de seis a oito deles na Alemanha dispõem de bilhões e bilhões. Mas, pelo *seu conteúdo*, essa distribuição dos meios de produção não é de modo algum "geral", mas privada; isto é, conforme aos interesses do grande capital, e em primeiro lugar do maior deles: do capital monopolista, cujas condições de atuação são tais que a massa da população passa fome e em que todo o desenvolvimento da agricultura se atrasa irremediavelmente em relação à indústria, uma parte da qual, a "indústria pesada", recebe um tributo de todos os demais ramos industriais.

Quanto à socialização da economia capitalista, começam a concorrer com os bancos as caixas econômicas e as agências de correios, mais "descentralizadas", isto é, que estendem a sua influência a um número maior de localidades, a um número maior de lugares distantes, a setores mais vastos da população. Eis os dados recolhidos por uma comissão americana encarregada de investigar o aumento comparado dos depósitos nos bancos e nas caixas econômicas:[52]

---

[51] Cf. *O capital*, l. III, v. 5, Rio de Janeiro: Civilização Brasileira, 2008, p. 802 (N. E.).

[52] Dados da National Monetary Commission, americana, *in: Die Bank*, 1910, 2, p. 1.200 (N. E.).

Depósitos (em bilhões de marcos)

Anos	Inglaterra		França		Alemanha		
	Nos bancos	Nas caixas econômicas	Nos bancos	Nas caixas econômicas	Nos bancos	Nas sociedades de crédito	Nas caixas econômicas
1880	8,4	1,6	?	0,9	0,5	0,4	2,6
1888	12,4	2,0	1,5	2,1	1,1	0,4	4,5
1908	23,2	4,2	3,7	4,2	7,1	2,2	13,9

As caixas econômicas, que pagam 4% e 4,25% aos depositantes, veem-se obrigadas a procurar uma colocação "lucrativa" para os seus capitais, a lançar-se em operações de desconto de letras, de hipotecas e outras. As fronteiras existentes entre os bancos e as caixas econômicas "vão desaparecendo cada vez mais". As Câmaras de Comércio de Bochum e de Erfurt, por exemplo, exigem que se "proíbam" às caixas as operações "puramente" bancárias, tais como o desconto de letras; exigem a limitação da atividade "bancária" das agências de correios.[53] Os magnatas bancários parecem temer que o monopólio de Estado os atinja por esse caminho, quando menos esperarem. Mas, naturalmente, esse temor não ultrapassa os limites da concorrência entre dois chefes de serviço num mesmo escritório, porque por um lado são, ao fim e ao cabo, *esses mesmos* magnatas do capital bancário que dispõem de fato dos bilhões concentrados nas caixas econômicas; e, por outro, o monopólio de Estado na sociedade capitalista não é mais do que uma maneira de aumentar e assegurar os rendimentos dos milionários que correm o risco de falir num ou noutro ramo da indústria.

A substituição do velho capitalismo, no qual reina a livre concorrência, pelo novo capitalismo, no qual domina o monopólio, é expressa, entre outras coisas, pela diminuição da importância

---

[53] Relatório da National Monetary Commission, americana, *in: Die Bank*, 1913, p. 811-1.022; 1914, p. 713.

da Bolsa. "Já há algum tempo – diz a revista *Die Bank* – que a Bolsa deixou de ser o intermediário indispensável da circulação que era dantes, quando os bancos ainda não podiam colocar a maior parte das emissões entre seus clientes.[54]

"Todo banco é uma Bolsa". Este aforismo moderno é tanto mais exato quanto maior é o banco, quanto maiores são os êxitos da concentração nos negócios bancários.[55]

Se anteriormente, nos anos 1870, a Bolsa, com os seus excessos de juventude – (alusão 'delicada' ao *crack* bolsista de 1873,[56] aos escândalos gründeristas[57] etc.) –, abriu a época da industrialização da Alemanha, no momento atual os bancos e a indústria 'podem arranjar as coisas por si mesmos'. A dominação dos nossos grandes bancos sobre a Bolsa (...) não é outra coisa senão a expressão do Estado industrial alemão completamente organizado. Se se restringe deste modo o campo de ação das leis econômicas, que funcionam automaticamente, e se se dilata extraordinariamente o da regulação consciente através dos bancos, aumenta-se, em proporções gigantescas, a responsabilidade que, quanto à economia nacional, recai sobre umas poucas cabeças dirigentes.

---

[54] *Die Bank*, 1914, 1, p. 316.

[55] Dr. Oscar Stillich, *Geld-und Bankwesen*, Berlim, p. 169.

[56] O *crack* bolsista produziu-se na primeira metade de 1873, primeiro na Áustria-Hungria, depois na Alemanha e noutros países. No princípio dos anos 1870, a expansão dos créditos, a fundação febril das sociedades por ações quando da *Gründerzeit* (era dos fundadores) e as especulações de bolsa adquirem uma amplitude sem precedentes. As manobras fraudulentas continuam a desenvolver-se no período em que a indústria e o comércio começaram a sentir os primeiros efeitos da crise econômica mundial em gestação. A catástrofe estalou em 9 de maio de 1873 na Bolsa de Viena: em 24 horas, as ações desmoronaram. Em seguida, abalou a bolsa alemã. Segundo Engels: "O que havia acontecido em Londres e em Nova York não tardou a verificar-se em Berlim, em 1873: a especulação a todo o transe redundou num *crack* geral. As companhias entravam em bancarrota às centenas. Era impossível vender as ações das companhias que ainda se aguentavam. A derrocada foi completa, em toda a linha" (N. E.).

[57] Os escândalos da Gründerzeit (de *Gründer*, fundador) produziram-se nos começos dos anos de 1870, na época em que se multiplicaram rapidamente na Alemanha as sociedades por ações. Esse fenômeno acompanhava-se de operações fraudulentas que enriqueciam os negociantes burgueses, assim como de uma especulação desenfreada sobre terras e valores transacionados na bolsa (N. E.).

Diz o prof. alemão Schulze-Gaevernitz,[58] esse apologista do imperialismo alemão, que é uma autoridade entre os imperialistas de todos os países e que se esforça por dissimular um "pequeno detalhe": que essa "regulação consciente" através dos bancos consiste na espoliação do público por meia dúzia de monopolistas "completamente organizados". O que o professor burguês se propõe não é revelar todo o mecanismo, não é desmascarar todas as artimanhas dos monopolistas bancários, mas sim embelezá-las.

Do mesmo modo, Riesser, economista e "personalidade" do mundo da banca, com ainda mais prestígio, evita a questão com frases que nada dizem, falando de fatos impossíveis de serem negados: "A Bolsa vai perdendo cada dia mais a qualidade, absolutamente indispensável para toda a economia e para a circulação dos valores, de ser não só o instrumento mais fiel de avaliação, mas também um regulador quase automático dos movimentos econômicos que convergem para ela".[59]

Em outras palavras: o velho capitalismo, o capitalismo da livre concorrência, com o seu regulador absolutamente indispensável, a Bolsa, passa à história. Em seu lugar apareceu o novo capitalismo, que tem os traços evidentes de um fenômeno de transição, que representa uma mistura da livre concorrência com o monopólio. Surge a pergunta: *em que* desemboca a "transição" do capitalismo moderno? Mas os sábios burgueses têm medo de formular tal questão.

"Há 30 anos, os empresários que competiam livremente entre si realizavam nove décimos da atividade econômica que não pertence à esfera do trabalho físico dos 'operários'. Atualmente, são os *funcionários* que realizam os nove décimos desse trabalho intelectual na economia. Os bancos encontram-se à frente desta evolução".[60] Esta confissão de Schulze-Gaevernitz conduz nova-

---

[58] Schulze-Gaevernitz, "Die deutsche Kreditbank", *in: Grudriss der Sozialökonomik*, Tübingen, 1915, p. 101.

[59] Riesser, *op. cit.*, p. 629 da 4ª edição.

[60] Schulze-Gaevernitz, *op. cit.*, 1915, p. 151.

mente ao problema de saber onde desemboca esta transição do capitalismo moderno, do capitalismo em seu estágio imperialista.

Entre o reduzido número de bancos que, em consequência do processo de concentração, ficam à frente de toda a economia capitalista, observa-se, naturalmente, uma acentuação cada vez maior da tendência para se chegar a acordos monopolistas, a um *truste dos bancos*. Nos Estados Unidos, não são nove, mas *dois* grandes bancos, dos multimilionários Rockefeller e Morgan,[61] que dominam um capital de 11 bilhões de marcos.[62] Na Alemanha, a absorção a que anteriormente aludimos da Aliança Bancária Schaffhausen pela Sociedade de Desconto levou a *Gazeta de Frankfurt*,[63] que defende os interesses bolsistas, a fazer as seguintes reflexões:

> O aumento da concentração dos bancos restringe o círculo de instituições às quais podemos nos dirigir em busca de crédito, com o que aumenta a dependência da grande indústria com relação a um reduzido número de grupos bancários. Como resultado da estreita relação entre a indústria e o mundo financeiro, a liberdade de movimentos das sociedades industriais que necessitam do capital bancário vê-se assim restringida. Por isso, a

---

[61] No princípio dos anos 1870, o grupo financeiro monopolista Rockefeller controlava capitais superiores a 120 milhões de dólares, e o grupo Morgan, capitais superiores a 90 milhões de dólares. Entre o número das companhias industriais controladas pelos Morgan havia grandes monopólios dos EUA, como a United States Steel, a General Electric, a General Motors e muitas outras corporações da indústria transformadora, dos transportes ferroviários, da banca. O principal poderio do grupo Rockfeller era o controle da indústria petrolífera; na esfera da sua influência encontravam-se os maiores monopólios petrolíferos dos EUA, incluindo a Standard Oil Co. (Nova Jersey; desde 1872, Exxon). A esfera de influência do grupo Rockfeller abrangia a indústria (eletrônica, construção de máquinas), as instituições financeiras e de crédito, os seguros. Os grupos Rockfeller e Morgan tinham uma enorme influência na vida política dos EUA. Muitos presidentes e ministros dos EUA foram protegidos dos Morgan; os Rockfeller, juntamente com outros magnatas, financiavam o Partido Republicano dos EUA. Os monopólios da esfera de influência dos Morgan e dos Rockfeller obtinham enormes lucros das encomendas militares e dos fornecimentos ao governo (N. E.).

[62] *Die Bank*, 1912, 1, p. 435.

[63] *Frankfurter Zeitung* (*Gazeta de Frankfurt*), órgão diário dos grandes capitalistas financeiros alemães, editado de 1856 a 1943. Reapareceu em 1949 sob o nome de *Frankfurter Allgemeine Zeitung* (*Gazeta Universal de Frankfurt*), constituindo um porta-voz dos monopolistas Oeste-alemães (N. E.).

grande indústria assiste com certa perplexidade à trustificação (unificação ou transformação em trustes) dos bancos, cada vez mais intensa; com efeito, tem-se podido observar com frequência o germe de acordos realizados entre consórcios de grandes bancos, cuja finalidade é limitar a concorrência.[64]

Verifica-se mais uma vez que a última palavra no desenvolvimento dos bancos é o monopólio.

Quanto à estreita relação existente entre os bancos e a indústria, é precisamente nesta esfera que se manifesta, talvez com mais evidência do que em qualquer outro lado, o novo papel dos bancos. Se o banco desconta as letras de câmbio de um empresário, abre-lhe conta corrente etc., essas operações, consideradas isoladamente, não diminuem em nada a independência do referido empresário, e o banco não passa de um modesto intermediário. Mas, se essas operações se tornam cada vez mais frequentes e mais sólidas, se o banco "reúne" nas suas mãos capitais imensos, se as contas correntes de uma empresa permitem ao banco – e é assim que acontece – conhecer, de modo cada vez mais pormenorizado e completo, a situação econômica do seu cliente, o resultado é uma dependência cada vez mais completa do capitalista industrial em relação ao banco.

Simultaneamente, desenvolve-se, por assim dizer, a união pessoal dos bancos com as maiores empresas industriais e comerciais, a fusão de uns com as outras mediante a aquisição das ações, mediante a participação dos diretores dos bancos nos conselhos de supervisão (ou de administração) das empresas industriais e comerciais, e vice-versa. O economista alemão Jeidels reuniu dados extremamente minuciosos sobre esta forma de concentração dos capitais e das empresas. Os seis maiores bancos berlinenses estavam representados, através dos seus diretores, em *344* sociedades industriais e, através dos membros dos seus conselhos de

---

[64] Citado segundo Schulze-Gaevernitz, *in: Grudriss der Sozialökonomik*, Tübingen, p. 155.

administração, noutras *407*, ou seja, num total de *751* sociedades. Em *289* sociedades tinham dois dos seus membros nos conselhos de administração ou ocupavam a presidência. Entre essas sociedades comerciais e industriais, encontramos os mais diversos ramos industriais: companhias de seguros, vias de comunicação, restaurantes, teatros, produção artística etc. Por outro lado, nos conselhos de administração desses seis bancos havia (em 1910) 51 grandes industriais, entre eles o diretor da firma Krupp, o da gigantesca companhia de navegação Hapag (Hamburg-Amerika) etc. etc. Cada um dos seis bancos, de 1895 a 1910, participou na emissão de ações e obrigações de várias centenas de sociedades industriais, cujo número passou de 281 para 419.[65]

A "união pessoal" dos bancos com a indústria completa-se com a "união pessoal" de umas e outras sociedades com o governo. Escreve Jeidels

> Lugares nos conselhos de administração são confiados voluntariamente a personalidades de renome, bem como a antigos funcionários do Estado, os quais podem facilitar (!!) em grau considerável as relações com as autoridades (...). No conselho de administração de um banco importante, encontramos geralmente algum membro do Parlamento ou da vereação de Berlim.

Os grandes monopólios capitalistas vão surgindo e desenvolvendo-se, por assim dizer, a todo vapor, seguindo todos os caminhos "naturais" e "sobrenaturais". Estabelece-se sistematicamente uma determinada divisão do trabalho entre várias centenas de reis financeiros da sociedade capitalista atual:

> Paralelamente a este alargamento do campo de ação dos diversos grandes industriais [que entram nos conselhos de administração dos bancos etc.] e ao fato de se confiar aos diretores dos bancos de província unicamente a administração de uma zona industrial determinada, produz-se um certo aumento da especialização dos dirigentes dos grandes bancos. Tal

---

[65] Jeidels e Riesser, *op. cit.*

especialização, em geral, só é concebível quando os bancos são de grandes proporções e, particularmente, quando mantêm amplas conexões com a indústria. Esta divisão do trabalho efetua-se em dois sentidos: por um lado, as relações com a indústria no seu conjunto confiam-se, como ocupação especial, a um dos diretores; por outro, cada diretor encarrega-se do controle de empresas separadas ou de grupos de empresas afins pela produção ou pelos interesses [o capitalismo está já em condições de exercer o controle organizado das empresas separadas] (...). A especialidade de um é a indústria alemã, ou mesmo simplesmente a da Alemanha Ocidental [que é a parte mais industrial do país]; a de outros, as relações com outros Estados e com as indústrias do estrangeiro, os relatórios sobre a personalidade dos industriais etc., sobre as questões da Bolsa etc. Além disso, cada um dos diretores de banco fica frequentemente encarregado de uma zona ou de um ramo especial da indústria; um dedica-se principalmente aos conselhos de administração das sociedades elétricas, outro, às fabricas de produtos químicos, de cerveja ou de açúcar, um terceiro, a um certo número de empresas separadas, figurando paralelamente no conselho de administração de sociedades de seguros (...). Numa palavra, é indubitável que, à medida que aumenta o volume e a variedade das operações nos grandes bancos, se estabelece uma divisão do trabalho cada vez maior entre os diretores, com o fim (que alcançam) de elevá-los, por assim dizer, um pouco acima dos negócios puramente bancários, de torná-los mais aptos para julgarem e mais competentes nos problemas gerais da indústria e nos problemas especiais dos seus diversos ramos, com o objetivo de prepará-los para a sua atividade no setor industrial da esfera de influência do banco. Este sistema dos bancos se completa pela tendência que neles se observa de se elegerem, para os seus conselhos de administração, pessoas que conheçam bem a indústria, empresários, antigos funcionários, particularmente os que vêm dos departamentos de ferrovias, minas etc.[66]

Na banca francesa, encontramos instituições semelhantes, apenas sob uma forma um pouco diferente. Por exemplo,

---

[66] Jeidels, *op. cit.*, p. 156-157.

um dos três grandes bancos franceses, o *Crédit Lyonnais*, tem montada uma "seção especial destinada a recolher informações financeiras" (*service des études financières*) em que trabalham permanentemente mais de 50 engenheiros, especialistas de estatística, economistas, advogados etc. Ela custa anualmente entre 600 e 700 mil francos. A seção encontra-se, por sua vez, dividida em oito subseções: uma recolhe dados sobre empresas industriais; outra estuda a estatística geral; a terceira, as companhias ferroviárias e de navegação; a quarta, os fundos; a quinta, os relatórios financeiros etc.[67]

Daqui resulta, por um lado, uma fusão cada vez maior ou, segundo a acertada expressão de N. I. Bukharin, a junção dos capitais bancário e industrial, e, por outro, a transformação dos bancos em instituições com um verdadeiro "caráter universal". Julgamos necessário reproduzir os termos exatos que Jeidels, o escritor que melhor estudou o problema, utiliza a este respeito:

> Como resultado do exame das relações industriais no seu conjunto surge o caráter universal dos estabelecimentos financeiros que trabalham para a indústria. Contrariamente a outras formas de bancos, contrariamente às exigências formuladas por vezes na literatura de que os bancos devem especializar-se numa esfera determinada de negócios ou num ramo industrial determinado a fim de pisar em terreno firme, os grandes bancos se esforçam para que as suas relações com os estabelecimentos industriais sejam as mais variadas possíveis, tanto do ponto de vista do lugar quanto do ponto de vista do gênero de produção; procuram eliminar a distribuição desigual do capital entre as diferentes zonas ou ramos da indústria, desigualdade que encontra a sua explicação na história de diferentes empresas. Uma tendência consiste em converter as relações com a indústria num fenômeno de ordem geral; outra, em torná-las sólidas e intensivas. Ambas se encontram realizadas nos seis grandes bancos não de forma completa, mas já em proporções consideráveis e num grau igual.

---

[67] Artigo de Eugen Kaufmann sobre os bancos franceses, *in: Die Bank*, 1909, 2, p. 851 e ss.

Nos meios comerciais e industriais, ouvem-se com frequência lamentações contra o "terrorismo" dos bancos. E nada tem de surpreendente que essas lamentações surjam quando os grandes bancos "mandam" da maneira que nos mostra o exemplo seguinte. Em 19 de novembro de 1901, um dos bancos D de Berlim (como são conhecidos os quatro bancos mais importantes que começam pela letra D) dirigiu, ao conselho de administração do Sindicato do Cimento da Alemanha do Noroeste e do Centro, a seguinte carta:

> Segundo a nota que tornaram pública em 18 do corrente no jornal tal, parece que devemos admitir a eventualidade de a assembleia geral do vosso sindicato, a ser celebrada em 30 do corrente, adotar resoluções suscetíveis de determinarem na vossa empresa modificações que não podemos aceitar. Por isso, lamentamos profundamente ver-nos obrigados a retirar-vos o crédito de que até agora gozavam... Porém, se a referida assembleia geral não tomar resoluções inaceitáveis para nós, e se nos derem garantias a este respeito para o futuro, estamos dispostos a entabular negociações com vista a abrir um novo crédito.[68]

Em essência, trata-se das mesmas lamentações do pequeno capital com relação ao jugo do grande, com a diferença de, neste caso, a categoria de "pequeno" capital corresponder a todo um sindicato! A velha luta entre o pequeno e o grande capital reproduz-se num grau de desenvolvimento novo e incomensuravelmente mais elevado. É compreensível que, dispondo de bilhões, os grandes bancos podem também apressar o progresso técnico utilizando meios incomparavelmente superiores aos do passado. Os bancos criam, por exemplo, sociedades especiais de pesquisa técnica, de cujos resultados só aproveitam, naturalmente, as empresas industriais "amigas". Entre elas figuram a Sociedade para o Estudo do Problema das Ferrovias Elétricas, o Gabinete Central de Pesquisas Científicas e Técnicas etc.

---

[68] Dr. Oscar Stillich, *Geld-und Bankwesen*, Berlim, 1907, p. 147.

Os próprios dirigentes dos grandes bancos não podem deixar de ver que estão aparecendo novas condições na economia nacional, mas são impotentes perante elas. Diz Jeidels:

> Quem tiver observado durante os últimos anos as mudanças de diretores e membros dos conselhos de administração dos grandes bancos, não terá deixado de perceber que o poder passa paulatinamente para as mãos dos que consideram a intervenção ativa dos grandes bancos no desenvolvimento geral da indústria como necessária e cada vez mais vital; entre eles e os velhos diretores dos bancos surgem, por tal motivo, divergências no campo profissional e, frequentemente, no campo pessoal. Trata-se, no fundo, de saber se essa intervenção no processo industrial da produção não prejudica os bancos, na sua qualidade de instituições de crédito, se os princípios firmes e o lucro seguro não são sacrificados a uma atividade que não guarda nenhuma relação com o papel de intermediário para a concessão de créditos, e que coloca os bancos num terreno em que se encontram ainda mais expostos do que antes ao domínio cego da conjuntura industrial. É isto que afirmam muitos dos velhos diretores de bancos, enquanto a maioria dos jovens considera a intervenção ativa nos problemas da indústria como uma necessidade semelhante à que fez nascer, juntamente com a grande indústria moderna, os grandes bancos e a banca industrial moderna. A única coisa em que as duas partes estão de acordo é em que não existem princípios firmes nem fins concretos para a nova atividade dos grandes bancos.[69]

O velho capitalismo caducou. O novo constitui uma etapa de transição para algo diferente. Encontrar "princípios firmes e fins concretos" para a "conciliação" do monopólio com a livre concorrência é, naturalmente, uma tentativa fadada ao fracasso. As confissões dos homens práticos ressoam de maneira muito diferente dos elogios do capitalismo "organizado",[70] entoados pelos

---

[69] Jeidels, *op. cit.*, p. 183-184.

[70] Trata-se da teoria do "capitalismo organizado", cujo caráter burguês apologético Lenin desmascara no presente livro. Ele apresenta o imperialismo como um capitalismo especial, reorganizado, em que pretensamente teriam sido eliminadas a concorrência e

seus apologistas oficiais, tais como Schulze-Gaevernitz, Liefmann e outros "teóricos" do mesmo estilo.

Precisamente em que época a "nova atividade" dos grandes bancos se iniciou? Jeidels nos dá uma resposta bastante exata a esta importante à questão:

> As relações entre as empresas industriais, com o seu novo conteúdo, as suas novas formas e os seus novos órgãos, quer dizer, os grandes bancos organizados de um modo ao mesmo tempo centralizado e descentralizado, não se estabelecem, talvez, como fenômeno característico da economia nacional, até os anos 1890; em certo sentido, pode-se mesmo tomar como ponto de partida o ano de 1897, com as suas grandes 'fusões' de empresas, que implantaram pela primeira vez a nova forma de organização descentralizada, de acordo com a política industrial dos bancos. Este ponto de partida pode talvez remontar mesmo a um período mais recente, pois somente a crise de 1900 acelerou em proporções gigantescas o processo de concentração tanto da indústria quanto da banca, consolidou tal processo, converteu pela primeira vez as relações com a indústria num verdadeiro monopólio dos grandes bancos e deu a essas relações um caráter incomparavelmente mais estreito e mais intenso.[71]

O século XX assinala, pois, o ponto de viragem do velho capitalismo para o novo, da dominação do capital em geral para a dominação do capital financeiro.

---

a anarquia da produção, as crises econômicas, e se realizaria o desenvolvimento planificado da economia nacional. A teoria do "capitalismo organizado", apresentada pelos ideólogos do capitalismo monopolista – Sombart, Liefmann e outros –, foi adotada pelos reformistas Kautsky, Hilferding e outros teóricos da Segunda Internacional. Os atuais defensores do imperialismo criam numerosas variantes da teoria do capitalismo "organizado" ou "planificado", destinadas a enganar as massas populares e a embelezar o capitalismo monopolista. A vida demonstrou convincentemente a justeza da caracterização leninista do imperialismo: o domínio dos monopólios não elimina, antes agudiza, a anarquia da produção, não livra a economia capitalista das crises (N. E.).

[71] Jeidels, *op. cit.*, p. 181.

CAPÍTULO III

O CAPITAL FINANCEIRO
E A OLIGARQUIA FINANCEIRA

Uma parte cada vez maior do capital industrial – escreve Hilferding – não pertence aos industriais que o utilizam. Podem dispor do capital unicamente por intermédio do banco, que representa, para eles, os proprietários desse capital. Por outro lado, o banco também se vê obrigado a fixar na indústria uma parte cada vez maior do seu capital. Graças a isto, converte-se, em proporções crescentes, em capitalista industrial. Este capital bancário – por conseguinte, capital sob a forma de dinheiro –, que por esse processo se transforma de fato em capital industrial, é aquilo a que chamo capital financeiro. Capital financeiro é o capital que os bancos dispõem e que os industriais utilizam.[72]

Esta definição não é completa porque não indica um dos aspectos mais importantes: o aumento da concentração da produção e do capital em grau tão elevado que conduz, e já tem conduzido, ao monopólio. Mas toda a exposição de Hilferding em geral, e em particular nos dois capítulos que precedem aquele de onde retiramos esta definição, sublinha o papel dos *monopólios capitalistas*.

Concentração da produção; monopólios resultantes dela; fusão ou junção dos bancos com a indústria: tal é a história do aparecimento do capital financeiro e do conteúdo deste conceito.

Descreveremos agora como a "gestão" dos monopólios capitalistas se transforma, inevitavelmente, nas condições gerais da pro-

---

[72] Hilferding, *O capital financeiro*, Moscou, 1912, p. 338-339 [cf. ed. bras. cit., p. 219 (N. E.)].

dução de mercadorias e da propriedade privada, na dominação da oligarquia financeira. Assinalemos que os representantes da ciência burguesa alemã – e não só da alemã –, tais como Riesser, Schulze-Gaevernitz, Liefmann etc., são todos apologistas do imperialismo e do capital financeiro. Não desvelam o "mecanismo" da formação das oligarquias, os seus processos, o volume dos seus rendimentos "lícitos e ilícitos", as suas relações com os parlamentos etc. etc. antes os dissimulam e os embelezam. Fogem às "questões malditas" por meio de frases altissonantes e obscuras, e de apelos ao "sentido da responsabilidade" dos diretores dos bancos; por meio de elogios ao "sentimento do dever" dos funcionários prussianos, por meio da análise séria e pormenorizada de projetos de lei nada sérios sobre a "inspeção" e a "regulamentação"; por meio de infantis jogos teóricos, tais como a seguinte definição "científica" a que chegou o professor Liefmann: "*o comércio é uma atividade profissional destinada a reunir bens, conservá-los e colocá-los à disposição*"[73] (em itálico e negrito na obra do professor). Daqui resulta que o comércio existia entre os homens primitivos, que não conheciam ainda a troca, e que também existirá na sociedade socialista!

Mas os monstruosos fatos relativos à monstruosa dominação da oligarquia financeira são tão evidentes que em todos os países capitalistas – na América do Norte, na França, na Alemanha – surgiu uma literatura que, embora adotando o ponto de vista *burguês*, traça um quadro aproximadamente exato, e faz uma crítica – pequeno-burguesa, naturalmente – da oligarquia financeira.

Há que dedicar uma atenção primordial ao "sistema de participação", do qual já falamos antes sucintamente. O economista alemão Heymann, um dos primeiros, se não o primeiro, a prestar-lhe atenção expõe, assim, a essência do assunto:

> O dirigente controla a sociedade fundamental (literalmente, a 'sociedade-mãe'); esta, por sua vez, exerce o domínio sobre as sociedades que depen-

---

[73] R. Liefmann, *op. cit.*, p. 476.

dem dela ('sociedades-filhas'); estas últimas, sobre as 'sociedades-netas' etc. É possível, deste modo, sem possuir um capital muito grande, dominar ramos gigantescos da produção. Com efeito, se a posse de 50% do capital é sempre suficiente para controlar uma sociedade anônima, basta que o dirigente possua apenas 1 milhão para estar em condições de controlar 8 milhões do capital das 'sociedades-netas'. E, se este 'entrelaçamento' vai ainda mais longe, com 1 milhão podem-se controlar 16 milhões, 32 milhões etc.[74]

De fato, a experiência demonstra que basta possuir 40% das ações para dirigir os negócios de uma sociedade anônima,[75] pois uma certa parte dos pequenos acionistas, que se encontram dispersos, não tem na prática possibilidade alguma de participar das assembleias gerais etc. A "democratização" da posse das ações – da qual os sofistas burgueses e os "pseudossocial-democratas" oportunistas esperam (ou dizem que esperam) a "democratização do capital" –, o aumento do papel e da importância da pequena produção etc. é na realidade um dos meios de reforçar o poder da oligarquia financeira. Por isso, entre outras coisas, nos países capitalistas mais avançados ou mais velhos e "experimentados", as leis autorizam a emissão de ações menores. Na Alemanha, a lei não permite ações de menos de mil marcos, e os magnatas financeiros do país olham com inveja para a Inglaterra, onde a lei permite ações de até uma libra esterlina (quer dizer, de 20 marcos, ou cerca de 10 rublos). Siemens, um dos industriais e "reis financeiros" mais poderosos da Alemanha, declarou em 7 de junho de 1900, no Reichstag, que "a ação de 1 libra esterlina é a base do imperialismo britânico".[76] Este negociante tem uma concepção consideravelmente mais profunda, mais "marxista", do que é o imperialismo do que certo escritor indecoroso que se considera

---

[74] Hans Gideon Heymann, *Die gemischten Werke im deutschen Grosseisengewerke*, Stuttgart, 1904, p. 260-269.

[75] Schulze-Gaevernitz, *Grundriss der Sozialökonomik*, v. 2, p. 110.

[76] *Ibid.*

fundador do marxismo russo[77] e que supõe que o imperialismo é um defeito próprio de um povo determinado...

Mas o "sistema de participação" serve não só para aumentar em proporções gigantescas o poderio dos monopolistas, como, além disso, os permite levar a cabo impunemente toda a espécie de negócios obscuros e sujos para roubar o público, pois, formalmente, os dirigentes das "sociedades-mães", segundo a lei, não respondem pela "sociedade-filha", considerada "independente" e *por meio* da qual se pode "fazer passar" *tudo*. Eis um exemplo tirado da revista alemã *Die Bank*, na sua edição de maio de 1914:

> A Sociedade Anônima de Aço para Molas, de Cassel, era considerada há uns anos como uma das empresas mais lucrativas da Alemanha. Em consequência da má administração, os dividendos caíram de 15% para 0%. Segundo se pôde comprovar depois, a administração, sem informar os acionistas, tinha feito um empréstimo de *6 milhões de marcos* a uma das suas 'sociedades-filhas', a Hassia, cujo capital nominal era de apenas algumas centenas de milhares de marcos. Esse empréstimo, quase três vezes superior ao capital em ações da 'sociedade-mãe', não figurava em seu balanço: juridicamente, tal silêncio estava perfeitamente de acordo com a lei e pôde durar dois anos inteiros, pois não infringia nem um único artigo da legislação comercial. O presidente do conselho de administração, a quem, nessa qualidade, incumbia a responsabilidade de assinar os balanços falsos, era e continua a ser presidente da Câmara de Comércio de Cassel. Os acionistas só se inteiraram desse empréstimo à Hassia muito tempo depois, quando se verificou que o mesmo tinha sido um erro [o autor deveria ter posto esta palavra entre aspas] e quando as ações do 'aço para molas' diminuíram o seu valor em aproximadamente 100%, pois aqueles que tinham conhecimento disto começaram a se desfazer delas...
>
> *Este exemplo típico de malabarismo nos balanços, o mais comum* nas sociedades anônimas, nos explica por que os seus conselhos de administração

---

[77] Lenin refere-se a G. V. Plekhanov, cujos textos relativos ao imperialismo se encontram na coletânea dos seus artigos *Sobre a guerra,* editada em São Petersburgo durante a guerra (N. E.).

empreendem negócios arriscados com muito mais facilidade do que os particulares. A técnica moderna de elaboração dos balanços não só lhes oferece a possibilidade de ocultar a operação arriscada ao acionista médio como permite, mesmo aos principais interessados, livrarem-se da responsabilidade mediante a venda oportuna das suas ações no caso de a experiência fracassar, ao passo que o negociante particular arrisca a sua pele em tudo quanto faz.

Os balanços de muitas sociedades anônimas parecem-se com os palimpsestos da Idade Média, dos quais era preciso apagar o que estava escrito para se descobrir sinais que tinham sido escritos por baixo e que representavam o conteúdo real do documento [o palimpsesto era um pergaminho do qual o texto primitivo tinha sido apagado para se escrever de novo].

O meio mais simples e, por isso, mais comumente utilizado para tornar um balanço indecifrável consiste em dividir uma empresa em várias partes por meio da criação de filiais ou pela incorporação de estabelecimentos do mesmo gênero. As vantagens deste sistema, do ponto de vista dos diversos fins – legais e ilegais –, são tão evidentes que, na atualidade, as grandes sociedades que não o adotaram constituem uma verdadeira exceção.[78]

O autor cita a famosa Sociedade Geral de Eletricidade (AEG, da qual voltaremos a falar mais adiante) como exemplo de empresa monopolista de grande importância que aplica, em grande escala, o referido sistema. Em 1912, calculava-se que ela participava de *175 a 200* outras sociedades, dominando-as, é claro, e controlando assim um capital total de cerca de *1,5 bilhão de marcos.*[79]

Todas regras de controle e supervisão de publicação de balanços, de estabelecimento de esquemas precisos para eles, da inspeção pública das contas etc., com as quais os professores e funcionários bem-intencionados – isto é, que têm a boa intenção de defender e embelezar o capitalismo – distraem a atenção do público são, neste aspecto, desprovidas de qualquer importância,

---

[78] L. Eschwege, "Tochtergesellschaften", *in: Die Bank*, 1914, 1, p. 545.

[79] Kurt Heinig, "Der Weg des Elektrotrusts", *in: Neue Zeit*, 1912, 30, ano, II, p. 484.

pois a propriedade privada é sagrada, e ninguém pode proibir comprar, vender, permutar, hipotecar ações etc.

Pode-se avaliar as proporções que o "sistema de participação" alcançou nos grandes bancos russos pelos dados fornecidos por E. Agahd, empregado do Banco Russo-Chinês durante 15 anos e que em maio de 1914 publicou uma obra com o título, não de todo exato, *Os grandes bancos e o mercado mundial.*[80] O autor divide os grandes bancos russos em dois grupos fundamentais: a) os que funcionam segundo o "sistema de participação" e b) os "independentes" – embora entendendo independência, arbitrariamente por aquela em relação aos bancos *estrangeiros*. O autor divide o primeiro grupo em três subgrupos: 1) participação alemã, 2) inglesa e 3) francesa, referindo-se à "participação" e ao domínio dos grandes bancos estrangeiros da nação em causa. Divide os capitais dos bancos em capitais de investimento "produtivo" (no comércio e na indústria) e de investimento "especulativo" (nas operações bolsistas e financeiras), supondo, de acordo com o ponto de vista pequeno-burguês reformista que lhe é próprio, que é possível sob o capitalismo separar a primeira forma de investimento da segunda e suprimir esta última.

Os dados do autor são os seguintes (ver p. 77):

Estes dados mostram que, do total aproximado de 4 bilhões de rublos constitutivos do capital "ativo" dos grandes bancos, *mais de três quartos*, mais de 3 bilhões, correspondem a bancos que, no fundo, são filiais dos bancos estrangeiros, em primeiro lugar dos parisienses (o famoso trio bancário União Parisiense, Banco de Paris e Países Baixos, Sociedade Geral) e dos berlinenses (particularmente o Banco Alemão e a Sociedade de Desconto).

---

[80] E. Agahd, *Grossbanken und Weltmarkt. Die wirtschaftliche und polische Bedeutung der Grossbanken im Weltmarkt unter Berücksichtigung ihres Einflusses auf Russlands Volkswirtschaft und die deutsh-russischen Beziehungen* [*Os grandes bancos e o mercado mundial. Importância econômica e política dos grandes bancos no mercado mundial e a sua influência na economia nacional da Rússia e nas relações germano-russas* (N. E.)], Berlim, 1914.

ATIVO DOS BANCOS EM MILHÕES DE RUBLOS
(SEGUNDO OS BALANÇOS DE OUTUBRO-NOVEMBRO DE 1913)

Grupos de bancos russos	Capitais investidos		
	Produtivamente	Especulativamente	Total
a1) 4 bancos: Comercial Siberiano, Russo, Internacional, de Desconto	413,7	859,1	1.272,8
a2) 2 bancos: Comercial e Industrial, Russo-Inglês	239,3	169,1	408,4
a3) 5 bancos: Russo-Asiático, Privado de São Petersburgo, Azov-Don União de Moscou, Russo-Francês de Comércio	711,8	661,2	1.373,0
Total a) 11 bancos	*1.364,8*	*1.689,4*	*3.054,2*
b) 8 bancos: Comerciantes de Moscou, Volga-Kama, Junker & cia., Comercial São Petersburgo (ant. Wawelberg), de Moscou (ant. Riabutchinski), de Desconto de Moscou, Banco Comercial de Moscou e Privado de Moscou	504,2	391,1	895,3
Total b) 19 bancos	*1.869,0*	*2.080,5*	*3.949,5*

Dois dos bancos russos mais importantes, o Russo (Banco Russo de Comércio Externo) e o Internacional (Banco Comercial Internacional de São Petersburgo), entre 1906 e 1912, aumentaram os seus capitais de 44 para 98 milhões de rublos, e os seus fundos de reserva de 15 para 39 milhões, "trabalhando em três quartos com capitais alemães"; o primeiro banco pertence ao "consórcio" do Banco Alemão de Berlim; o segundo, à Sociedade de Desconto, da mesma capital. O bom Agahd se indigna profundamente com os bancos berlinenses que detêm nas suas mãos a maioria das ações, e que, em consequência disso, os acionistas russos são impotentes. E, naturalmente, o país que exporta capitais fica com a nata: por exemplo, o Banco Alemão de Berlim, encarregado de vender nesta cidade as ações do Banco Comercial Siberiano, guardou durante um ano as referidas ações em carteira, e depois as vendeu a 193%, quer dizer, quase o dobro, "obtendo" deste modo um lucro de cerca de 6 milhões de rublos, que Hilferding qualifica de "lucro de constituição".

O autor calcula em 8,235 bilhões de rublos a "potência" total dos bancos petersburgueses mais importantes. Quanto à "participação" ou, melhor dizendo, ao domínio dos bancos estrangeiros, estabelece-o nas seguintes proporções: bancos franceses, 55%; ingleses, 10%; alemães, 35%. Deste total, isto é, dos 8,235 bilhões, 3,687 bilhões de capital ativo, mais de 40%, correspondem, segundo os cálculos do autor, à Produgol e à Prodamet[81] e aos sindicatos do petróleo, da metalurgia e do cimento. Por conseguinte, a fusão do capital bancário com o industrial, decorrente da constituição dos monopólios capitalistas, também avança a passos gigantescos na Rússia.

O capital financeiro, concentrado em poucas mãos e gozando do monopólio efetivo, obtém um lucro enorme e que aumenta sem cessar com a constituição de sociedades, emissão de valores, empréstimos do Estado etc., consolidando a dominação da oligarquia financeira e impondo a toda a sociedade um tributo em proveito dos monopolistas. Eis um dos exemplos dos métodos de "administração" dos trustes americanos, citado por Hilferding: em 1887, Havemeyer constituiu o truste do açúcar mediante a fusão de 15 pequenas companhias, cujo capital total era de 6,5 milhões de dólares. Mas o capital do truste, "diluído", segundo a expressão americana, fixou-se em 50 milhões de dólares. A "recapitalização" tinha em conta, de antemão, os futuros lucros monopolistas, do mesmo modo que o truste do aço – também na América – tem em conta os futuros lucros monopolistas ao adquirir cada vez mais jazigos de minério de ferro. E, com efeito, o truste do açúcar fixou preços de monopólio e, com os lucros que recebeu, pôde pagar

---

[81] Produgol: Sociedade Russa de Comércio do Combustível Mineral da Bacia do Donetz, fundada em 1906. Prodamet: Sociedade para a Venda de Artigos das Fábricas Metalúrgicas Russas, fundada em 1901 (N. E.).

um dividendo de 10% ao capital *sete vezes* "aguado", quer dizer, *quase 70% sobre o capital efetivamente investido no momento da constituição do truste!* Em 1909, o seu capital era de 90 milhões de dólares; em 22 anos, ele foi mais do que decuplicado.

Na França, a dominação da "oligarquia financeira" (*Contra a oligarquia financeira na França* é o título do conhecido livro de Lysis, cuja quinta edição apareceu em 1908) adotou uma forma somente um pouco diferente. Os quatro bancos mais importantes gozam não do monopólio relativo, mas do "monopólio absoluto" na emissão de valores. De fato, trata-se de um "truste dos grandes bancos". E o monopólio garante lucros monopolistas das emissões. Ao contrair os empréstimos, o país que os negocia não recebe habitualmente mais de 90% do total: os 10% restantes vão para os bancos e demais intermediários. O lucro dos bancos no empréstimo russo-chinês, de 400 milhões de francos, foi de 8%; no russo (1904), de 800 milhões, foi de 10%; no marroquino (1904), de 62,5 milhões, foi de 18,75%. O capitalismo que iniciou o seu desenvolvimento com o pequeno capital usurário chega ao fim deste desenvolvimento com um capital usurário gigantesco. "Os franceses são os usurários da Europa" – diz Lysis. Todas as condições da vida econômica sofrem uma modificação profunda em consequência desta degeneração do capitalismo. Num estado de estagnação da população, da indústria, do comércio e dos transportes marítimos, o "país" pode enriquecer por meio das operações usurárias. "Cinquenta pessoas, representando um capital de 8 milhões de francos, podem dispor de 2 bilhões colocados em quatro bancos." O sistema de "participação", que já conhecemos, conduz às mesmas consequências: um dos bancos mais importantes, a Sociedade Geral (Société Générale), emitiu 64 mil obrigações da sociedade-filha, as Refinarias de Açúcar do Egito. O curso da emissão era de 150%, quer dizer, o banco embolsava um lucro de 50 cêntimos por franco. Os dividendos da referida sociedade revelaram-se fictícios, o "público" perdeu de 90 a 100 milhões de francos; "um dos diretores da Sociedade Geral era membro do conselho de administração das Refinarias". Não é surpreendente que o autor se veja obrigado a chegar à seguinte conclusão: "A República francesa é uma monarquia financeira"; "a onipotência da oligarquia financeira é absoluta, domina a imprensa e o governo".[82]

Os lucros excepcionais, proporcionados pela emissão de valores como uma das operações principais do capital financeiro, contribuem muito para o desenvolvimento e para a consolidação da oligarquia financeira. "No interior do país não há nenhum negócio, nem aproximadamente, cujo lucro seja tão elevado como servir de intermediário para a emissão de empréstimos estrangeiros" – diz a revista alemã *Die Bank*.[83]

"Não há nenhuma operação bancária que produza lucros tão elevados como as emissões." Na emissão de valores das empresas industriais, segundo os dados de *O Economista Alemão*,[84] o lucro médio anual foi o seguinte:

1895 . . . . 38,6%	1898 . . . . 67,7%
1896 . . . . 36,1%	1899 . . . . 66,9%
1897 . . . . 66,7%	1900 . . . . 55,2%

"Em dez anos, de 1891 a 1900, a emissão de valores industriais alemães produziu um 'lucro' *de mais de 1 bilhão*."[85]

Se, durante os períodos de auge industrial, os lucros do capital financeiro são desmedidos, durante os períodos de depressão as pequenas empresas e as empresas precárias se arruínam, enquanto os grandes bancos "participam" em sua aquisição a baixo preço,

---

[82] Lysis, *Contre l'oligarchie financière em France*, 5ª ed., Paris, 1908, p. 11, 12, 26, 39, 40, 48.

[83] *Die Bank*, 1913, n. 7, p. 630.

[84] *Deutsche Ökonomist* (*Economista Alemão*): era uma revista publicada em Berlim de 1883 a 1935 (N. E.).

[85] Stillich, *op. cit.*, p. 143; e W. Sombart, *Die deutsche Volkswirtschaft im 19 Jahrhundert*, 2ª ed., 1909, p. 526, anexo 8.

ou no seu lucrativo "saneamento" e "reorganização". Ao efetuar-se o "saneamento" das empresas deficitárias,

> o capital em ações sofre uma baixa, isto é, os lucros são distribuídos sobre um capital menor, e calculam-se depois com base nesse capital. Ou, se a rentabilidade fica reduzida a zero, incorpora-se novo capital, que, ao unir-se com o capital velho, menos lucrativo, produz já um lucro suficiente. Convém dizer que todos esses saneamentos e reorganizações têm uma dupla importância para os bancos: primeiro como operação lucrativa, segundo como ocasião propícia para colocar sob a sua dependência essas sociedades necessitadas.[86]

Eis um exemplo: o da Sociedade Anônima Mineira Union, de Dortmund, fundada em 1872. Foi emitido um capital em ações de cerca de 40 milhões de marcos, e, quando no primeiro ano se recebeu um dividendo de 12%, o curso das ações se elevou a 170%. O capital financeiro ficou com a nata, embolsando a bagatela de uns 28 milhões de marcos. O papel principal na fundação desta sociedade foi desempenhado por esse mesmo grande banco alemão, a Sociedade de Desconto, que, sem contratempos, alcançou um capital de 300 milhões de marcos. Depois, os dividendos da Union diminuíram até desaparecerem. Os acionistas tiveram de concordar em liquidar uma parte do capital, isto é, sacrificar uma parte para não perderem tudo. Como resultado de uma série de "saneamentos", desapareceram dos livros da sociedade Union, no decurso de 30 anos, mais de 73 milhões de marcos. "Atualmente, os acionistas fundadores dessa sociedade têm nas suas mãos apenas 5% do valor nominal das suas ações";[87] e a cada novo "saneamento" os bancos continuaram "ganhando".

Uma das operações particularmente lucrativas do capital financeiro é também a especulação com terrenos situados nos subúrbios das grandes cidades que crescem rapidamente. O

---

[86] Hilferding, *op. cit.*, p. 172 [cf. ed. bras. cit., p. 130 (N. E.)].

[87] Stillich, *op. cit.*, p. 128; Liefmann, p. 51.

monopólio dos bancos funde-se neste caso com o monopólio da renda da terra e com o monopólio das vias de comunicação, pois o aumento dos preços de terrenos, a possibilidade de vendê-los vantajosamente em parcelas etc. dependem principalmente das boas vias de comunicação com a parte central da cidade, que se encontram nas mãos de grandes companhias, ligadas a esses mesmos bancos mediante o sistema de participação e distribuição dos cargos diretivos. Resulta de tudo isso o que o autor alemão L. Eschwege, colaborador da revista *Die Bank*, que estudou especialmente as operações de venda e de hipoteca de terrenos, qualifica de "pântano": a especulação desenfreada com os terrenos dos subúrbios das cidades, as falências das empresas de construção, como, por exemplo, a firma berlinense Boswau & Knauer, que tinha embolsado a elevada quantia de 100 milhões de marcos por intermédio do "mais importante e respeitável" banco, o Banco Alemão (*Deutsche Bank*) – que, naturalmente, atuava segundo o sistema de "participação", isto é, em segredo, na sombra, e livrou-se da situação perdendo "apenas" 12 milhões de marcos; e, então, a ruína dos pequenos patrões e dos operários, que não recebem nem um centavo das fictícias empresas de construção; as negociatas fraudulentas com a "honrada" polícia berlinense e com a administração urbana para ganhar o controle do serviço de informação sobre os terrenos e das licenças municipais para construção etc. etc.[88]

Os "costumes norte-americanos", de que tão hipocritamente se lamentam os professores europeus e os burgueses bem-intencionados, converteram-se, na época do capital financeiro, em costumes de literalmente toda a cidade importante de qualquer país.

Em Berlim, em princípios de 1914, falava-se da fundação de um "truste dos transportes", isto é, de uma "comunidade de interesses" das três empresas berlinenses de transportes: a Socie-

---

[88] *Die Bank*, 1913, p. 952; L. Eschwege, *Der Sumpf*, 1912, 1, p. 223 e ss.

V. I. LENIN

dade dos Bondes, a Sociedade das Ferrovias e a Sociedade dos Ônibus.

Que esta intenção existe – diz a revista *Die Bank* – já o sabíamos desde que se tornou de domínio público que a maioria das ações da Sociedade de Ônibus tinha sido adquirida pelas outras duas sociedades de transportes (...). Podemos acreditar inteiramente nos que visam esse objetivo quando afirmam que, mediante a regulação uniforme dos transportes, têm a esperança de fazer economias, uma parte das quais, no fim das contas, poderia beneficiar o público. Mas a questão complica-se em virtude de, por detrás desse truste dos transportes em formação, estarem os bancos, que, se quiserem, podem subordinar os meios de transporte que monopolizam aos interesses do seu comércio de terrenos. Para nos convencermos do bom fundamento desta suposição, basta recordar que, desde a fundação da Sociedade dos bondes, já se encontravam ligados a ela os interesses do grande banco que patrocinou esse empreendimento. Isto é: os interesses desta empresa de transportes entrelaçavam-se com os do comércio de terrenos. O cerne da questão era que a linha oriental desta ferrovia devia passar por terrenos que o banco, ao estar assegurada sua construção, vendeu para si e para algumas pessoas que intervieram no negócio com enorme lucro.[89]

O monopólio, uma vez constituído e controlando bilhões, penetra de maneira absolutamente inevitável em *todos* os aspectos da vida social, independentemente do regime político e de qualquer outra "particularidade". Nas publicações alemãs sobre economia são habituais os elogios servis à honradez dos funcionários prussianos, às vezes fazendo alusões ao Panamá francês[90] ou à corrupção política americana. Mas o fato é que *até* as publicações burguesas consagradas aos assuntos bancários da Alemanha se veem constantemente obrigadas a sair dos limites

---

[89] "Verkehrstrust", *in: Die Bank*, 1914, 1, p. 89.

[90] *Panamá francês*: expressão que surgiu na França em 1892-1893, quando se descobriram os enormes abusos e a venalidade dos estadistas políticos, dos funcionários e jornais subornados pela companhia francesa que abria o Canal de Panamá (N. E.).

das operações puramente bancárias e a escrever, por exemplo, sobre a "atração exercida pelos bancos", a propósito dos casos, cada vez mais frequentes, de funcionários que passam para o serviço destes. "Que se pode dizer da incorruptibilidade do funcionário do Estado cuja secreta aspiração consiste em encontrar uma sinecura na Behrenstrasse?"[91] (rua de Berlim onde se encontra a sede do Banco Alemão). Alfred Lansburgh, diretor da revista *Die Bank*, escreveu em 1909 um artigo intitulado "A significação econômica do bizantinismo", a propósito, entre outras coisas, da viagem de Guilherme II à Palestina e do "resultado direto dessa viagem, a construção da ferrovia de Bagdá, essa fatal 'grande obra do espírito empreendedor alemão', que é mais culpada do nosso 'cerco' do que todos os nossos pecados políticos juntos"[92] (por "cerco" entende-se a política de Eduardo VII, que visava isolar a Alemanha e rodeá-la de uma aliança imperialista antialemã). Eschwege, colaborador dessa mesma revista e mencionado anteriormente, escreveu em 1911 um artigo intitulado "A plutocracia e os funcionários", no qual denunciava, por exemplo, o caso do funcionário alemão Völker, que se distinguia pela sua energia dentro da comissão de cartéis, mas que pouco tempo depois ocupou um cargo lucrativo no cartel mais importante, o sindicato do aço. Os casos desse gênero, que não são de modo algum excepcionais, obrigaram esse mesmo escritor burguês a reconhecer que "a liberdade econômica garantida pela Constituição alemã se converteu, em muitas esferas da vida econômica, numa frase sem sentido", e que, com a dominação a que chegou a plutocracia, "nem a liberdade política mais ampla pode nos salvar de nos convertermos num povo de homens privados de liberdade".[93]

---

[91] "Der Zug zur Bank", *in: Die Bank*, 1909, 1, p. 79.

[92] Artigo citado em *Die Bank*, 1909, 1, p. 301.

[93] Artigo citado em *Die Bank*, 1911, 2, p. 825; 1913, 2, p. 962.

No que se refere à Rússia, nos limitaremos a um só exemplo: há alguns anos, todos os jornais noticiaram que Davídov, diretor do Departamento de Crédito, abandonava seu lugar nesse organismo do Estado para entrar em um banco importante, com um vencimento que, ao fim de alguns anos, deveria representar, segundo o contrato, uma soma de mais de 1 milhão de rublos. O Departamento de Crédito é uma instituição destinada a "unificar a atividade de todos os estabelecimentos de crédito do Estado", além de fornecer subsídios aos bancos da capital no valor de 800 milhões a 1 bilhão de rublos.[94]

É próprio do capitalismo, em geral, separar a propriedade do capital da sua aplicação à produção; separar o capital-dinheiro do industrial ou produtivo; separar o *rentista*, que vive apenas dos rendimentos provenientes do capital-dinheiro, do industrial e de todas as pessoas que participam diretamente na gestão do capital. O imperialismo, ou domínio do capital financeiro, é o capitalismo no seu grau superior, em que essa separação adquire proporções imensas. O predomínio do capital financeiro sobre todas as demais formas do capital implica o predomínio do rentista e da oligarquia financeira; implica uma situação privilegiada de uns poucos Estados financeiramente "poderosos" em relação a todos os restantes. Podemos avaliar o volume deste processo pelos dados estatísticos das emissões de toda a espécie de valores.

No *Boletim do Instituto Internacional de Estatística*, A. Neymarck[95] publicou os dados mais pormenorizados, completos e suscetíveis de comparação sobre as emissões em todo o mundo; dados que depois foram frequentemente reproduzidos de maneira parcial nas publicações econômicas. Eis os correspondentes a quatro décadas:

---

[94] E. Agahd, *op. cit.*, p. 202.

[95] *Bulletin de l'Institut International de Statistique*, t. XIX, l. II, La Haye, 1912. Os dados sobre os pequenos Estados (segunda coluna) foram tomados aproximadamente, segundo as normas de 1902, e aumentados cerca de 20%.

TOTAL DAS EMISSÕES (EM BILHÕES DE FRANCOS A CADA DEZ ANOS)

1871-1880 76,1
1881-1890 64,5
1891-1900 100,4
1901-1910 197,8

Entre 1871 e 1880, o total das emissões aparece elevado em todo o mundo, particularmente pelos empréstimos relacionados à guerra franco-prussiana e à época de escândalos especulativos que se lhe seguiu na Alemanha. Em geral, o aumento nas três últimas décadas do século XIX é relativamente lento, e só na primeira década do século XX atinge grandes proporções, quase duplicando em dez anos. Os começos do século XX constituem pois uma época de viragem, não só do ponto de vista do crescimento dos monopólios (cartéis, sindicatos, trustes), de que já falamos, mas também do ponto de vista do crescimento do capital financeiro.

O total de valores emitidos no mundo era, em 1910, segundo os cálculos de Neymarck, de uns 815 bilhões de francos. Deduzindo aproximadamente as repetições, o número cai para 575 ou 600 bilhões. Eis a distribuição por países (com base no número de 600 bilhões):

TOTAL DOS VALORES EM 1910 (EM BILHÕES DE FRANCOS)

Inglaterra 142	Holanda 12,5
Estados Unidos 132	Bélgica 7,5
França 110	Espanha 7,5
Alemanha 95	Suíça 6,25
Rússia 31	Dinamarca 3,75
Áustria-Hungria 24	Suécia, Noruega, Romênia etc. . . 2,5
Itália 14	
Japão 12	Total: 600

{Inglaterra, Estados Unidos, França, Alemanha = 479}

O que salta à vista, destes números, é o destaque dos quatro países capitalistas mais ricos, que dispõem de aproximadamente 100 a 150 bilhões de francos em valores. Desses quatro, dois

– Inglaterra e França – são os países capitalistas mais velhos e, como veremos, os mais ricos em colônias; os outros dois – Estados Unidos e Alemanha – são os avançados pela rapidez de desenvolvimento e pelo grau de difusão dos monopólios capitalistas na produção. Os quatro juntos detêm 479 bilhões de francos, isto é, cerca de 80% do capital financeiro mundial. Quase todo o resto do mundo exerce, de uma forma ou de outra, funções de devedor e tributário desses países banqueiros internacionais, desses quatro "pilares" do capital financeiro mundial.

Convém nos determos particularmente no papel que a exportação de capital desempenha na criação da rede internacional de dependências e de relações do capital financeiro.

CAPÍTULO IV

A EXPORTAÇÃO DE CAPITAL

O que caracterizava o velho capitalismo, no qual dominava plenamente a livre concorrência, era a exportação de *mercadorias*. O que caracteriza o capitalismo atual, no qual impera o monopólio, é a exportação de *capital*.

O capitalismo é a produção de mercadorias no grau superior do seu desenvolvimento, quando até a força de trabalho se transforma em mercadoria. O desenvolvimento da troca – tanto no interior do país como, em especial, no campo internacional – é um traço distintivo e característico do capitalismo. O desenvolvimento desigual, por saltos, das diferentes empresas e ramos da indústria e dos diferentes países é inevitável sob o sistema capitalista. A Inglaterra é a primeira a se transformar em país capitalista e, em meados do século XIX, ao implantar o livre-comércio, pretendeu ser a "oficina de todo o mundo", o fornecedor de artigos manufaturados para todos os países, que deviam fornecer-lhe, em contrapartida, matérias-primas. Mas *este* monopólio da Inglaterra se enfraqueceu já no último quartel do século XIX, pois alguns outros países, defendendo-se por meio de direitos alfandegários "protecionistas", tinham se transformado em Estados capitalistas independentes. No limiar do século XX, assistimos à formação de monopólios de outro gênero: primeiro, uniões monopolistas de capitalistas em todos os países de capitalismo desenvolvido; segundo, situação monopolista de uns poucos países riquíssimos, nos quais a acumulação do capital tinha alcançado proporções gigantescas. Constituiu-se um enorme "excedente de capital" nos países avançados.

IMPERIALISMO, ESTÁGIO SUPERIOR DO CAPITALISMO

Naturalmente, se o capitalismo pudesse desenvolver a agricultura, que hoje em dia se encontra em toda a parte enormemente atrasada em relação à indústria; se pudesse elevar o nível de vida das massas populares, que continuam marcadas – apesar do vertiginoso progresso da técnica – por uma vida de subalimentação e de miséria, não haveria motivo para falar de um excedente de capital. Este é o "argumento" que os críticos pequeno-burgueses do capitalismo esgrimem sem parar. Mas então o capitalismo deixaria de ser capitalismo, pois o desenvolvimento desigual e a subalimentação das massas são as condições e as premissas básicas e inevitáveis deste modo de produção. Enquanto o capitalismo for capitalismo, o excedente de capital não é consagrado à elevação do nível de vida das massas do país, pois isso significaria a diminuição dos lucros dos capitalistas, mas ao aumento desses lucros através da exportação de capitais para o estrangeiro, para os países atrasados. Nestes, o lucro é em geral elevado, pois os capitais são escassos, o preço da terra e os salários, relativamente baixos, e as matérias-primas, baratas. A possibilidade da exportação de capitais é determinada pelo fato de uma série de países atrasados já terem sido incorporados na circulação do capitalismo mundial; de terem sido aí construídas as principais ferrovias ou estarem em vias de construção; de estarem asseguradas as condições elementares para o desenvolvimento da indústria etc. A necessidade da exportação de capitais se deve ao fato de o capitalismo "ter amadurecido excessivamente" em alguns países, e o capital (dado o insuficiente desenvolvimento da agricultura e a miséria das massas) carecer de campo para a sua colocação "lucrativa".

Eis dados aproximados sobre o volume dos capitais investidos no estrangeiro pelos três países mais importantes:[96]

---

[96] Hobson, *Imperialism*, Londres, 1902, p. 58; Riesser, *op. cit.*, p. 395 e 404; P. Arndt, *Weltwirtschaftliches Archiv*, t. 7, 1916, p. 35; Neymark, *Bulletin*; Hilferding, *Das Finanzkapital*, p. 492; Lloyd George, *Discurso na Câmara dos Comuns*, 4 de maio de 1915; B. Harms, *Problème des Weltwirtschaft*, Jena, 1912, p. 235 e outras; dr. Siegmund Schilder, *Entwicklungstendenzen der Weltwirtschaft*, Berlim, 1912, v. 1, p. 150; George Paish, "Great britain's capital investments etc.", *in: Journal of the Royal Statistical Society*, v. LXXIV,

V. I. Lenin

Capital investido no estrangeiro (em bilhões de francos)

Anos	Inglaterra	França	Alemanha
1862	3,6	—	—
1872	15	10 (1869)	—
1882	22	15 (1880)	?
1893	42	20 (1890)	?
1902	62	27-37	12,5
1914	75-100	60	44

Estes dados nos mostram que a exportação de capitais só adquire um desenvolvimento gigantesco em princípios do século XX. Antes da guerra, o capital investido no estrangeiro pelos três países principais era de 175 a 200 bilhões de francos. O rendimento desta soma a uma modesta taxa de 5% deve subir a 8 ou 10 bilhões de francos anuais. Uma sólida base para o jugo e a exploração imperialista da maioria dos países e nações do mundo, para o parasitismo capitalista de um punhado de Estados riquíssimos!

Como esse capital investido no estrangeiro se distribui entre os diferentes países? *Onde* está colocado? A estas perguntas pode-se dar apenas uma resposta aproximada, que, no entanto, pode esclarecer algumas relações e laços gerais do imperialismo moderno:

Partes do mundo entre as quais estão distribuídos (aproximadamente) os capitais investidos no estrangeiro por volta de 1910 (em bilhões de marcos)

	Inglaterra	França	Alemanha	Total
Europa	4	23	18	55
América	37	4	10	51
Ásia, África e Austrália	29	8	7	44
Total	*70*	*35*	*35*	*140*

1910-1911, p. 167 e ss; Georges Diouritch, *L'expansion des banques allemandes à l'étranger, ses rapports avec le développement économique de l'Allemagne*, Paris, 1909, p. 84.

No que se refere à Inglaterra, aparecem em primeiro plano as suas possessões coloniais, muito grandes também na América (por exemplo, o Canadá), sem falar já da Ásia etc. A gigantesca exportação de capitais encontra-se, no caso da Inglaterra, estreitamente relacionada com as colônias gigantescas, de cuja importância para o imperialismo voltaremos a falar mais adiante. Diferente é o caso da França, cujo capital exportado se encontra investido principalmente na Europa, e em primeiro lugar na Rússia (10 bilhões de francos pelo menos), com a particularidade de que se trata sobretudo de capital de *empréstimo*, de empréstimos públicos, e não de capital investido em empresas industriais. Diferentemente do imperialismo inglês, que é colonial, o imperialismo francês pode ser qualificado de usurário. A Alemanha oferece uma terceira variedade: as suas colônias não são grandes, e o capital investido no estrangeiro está mais equilibradamente dividido entre a Europa e a América.

A exportação de capitais influencia o desenvolvimento do capitalismo no interior dos países em que são investidos, acelerando-o extraordinariamente. Se, em consequência disso, a referida exportação pode, até certo ponto, ocasionar uma estagnação do desenvolvimento nos países exportadores, isso tem lugar em troca de um alargamento e de um aprofundamento maiores do desenvolvimento do capitalismo em todo o mundo.

Os países que exportam capitais podem quase sempre obter certas "vantagens", cujo caráter lança luz sobre as particularidades da época do capital financeiro e do monopólio. Eis, por exemplo, o que dizia em outubro de 1913 a revista berlinense *Die Bank*:

> No mercado internacional de capitais está se representando, há pouco tempo, uma comédia digna de um Aristófanes. Um bom número de Estados, da Espanha aos Balcás, da Rússia à Argentina, ao Brasil e à China, apresentam-se, aberta ou veladamente, perante os grandes mercados de dinheiro, exigindo, por vezes com extraordinária insistência, a concessão de empréstimos. Os mercados de dinheiro não se encontram atualmente numa situação muito brilhante, e as perspectivas políticas não são animadoras. Mas nenhum dos

mercados monetários se decide a negar um empréstimo com receio de que o vizinho se adiante, o conceda e, ao mesmo tempo, obtenha certos serviços em troca do serviço que presta. Nas transações internacionais deste gênero, o credor obtém quase sempre algo em proveito próprio: um favor no tratado de comércio, uma base hulheira, a construção de um porto, uma concessão lucrativa ou uma encomenda de canhões.[97]

O capital financeiro criou a época dos monopólios. E os monopólios trazem sempre consigo os princípios monopolistas: a utilização das "relações" para transações proveitosas substitui a concorrência no mercado aberto. É muito frequente que, entre as cláusulas do empréstimo, se estipule que parte do empréstimo concedido seja gasto em compras no país credor, em especial de armamentos, barcos etc. A França tem recorrido frequentemente a este processo no decurso das duas últimas décadas (1890-1910). A exportação de capitais passa a ser um meio de estimular a exportação de mercadorias. As transações têm um caráter tal que, segundo o "eufemismo" de Schilder,[98] "beiram o suborno". Krupp na Alemanha, Schneider na França e Armstrong na Inglaterra constituem outros tantos modelos de firmas intimamente ligadas com bancos gigantescos e com os governos, das quais é difícil "prescindir" ao negociar um empréstimo.

A França, ao mesmo tempo em que concedia empréstimos à Rússia, "impôs-lhe", no tratado de comércio de 16 de setembro de 1905, certas concessões válidas até 1917: o mesmo se pode dizer do tratado comercial assinado em 19 de agosto de 1911 com o Japão. A guerra alfandegária entre a Áustria e a Sérvia – que se estendeu, com um intervalo de sete meses, de 1906 a 1911 – foi devida em parte à concorrência entre a Áustria e a França no fornecimento de material de guerra à Sérvia. Paul Deschanel declarou no Parlamento, em janeiro de 1912, que entre 1908 e

---

[97] *Die Bank*, 1913, n. 2, p. 1.024-1.025.
[98] Schilder, *op. cit.*, p. 346, 350 e 371.

1911 as firmas francesas tinham fornecido material de guerra à Sérvia no valor de 45 milhões de francos.

Num relatório do cônsul austro-húngaro em São Paulo (Brasil), diz-se:

> A construção das ferrovias brasileiras realiza-se, na sua maior parte, com capitais franceses, belgas, britânicos e alemães; tais países, ao efetuarem as operações financeiras relacionadas com a construção de ferrovias, reservam-se as encomendas de materiais de construção ferroviária.

O capital financeiro estende assim as suas redes, no sentido literal da palavra, em todos os países do mundo. Neste aspecto, os bancos fundados nas colônias, bem como as suas sucursais, desempenham um papel importante. Os imperialistas alemães olham com inveja os "velhos" países coloniais, que gozam, neste aspecto, de condições particularmente "vantajosas". A Inglaterra tinha ao todo, em 1904, 50 bancos coloniais com 2.279 sucursais (em 1910, eram 72 bancos com 5.449 sucursais); a França tinha 20 com 136 sucursais; a Holanda possuía 16 com 68; enquanto a Alemanha tinha "apenas" 13 com 70 sucursais.[99] Os capitalistas norte-americanos invejam por sua vez os ingleses e os alemães:

> Na América do Sul – lamentavam-se em 1915 – cinco bancos alemães têm 40 sucursais, cinco ingleses, 70 sucursais (...) A Inglaterra e a Alemanha, no decurso dos últimos 25 anos, investiram na Argentina, no Brasil e no Uruguai 4 bilhões de dólares aproximadamente; como resultado disso desfrutam de 46% de todo o comércio desses três países.[100]

Os países exportadores de capitais dividiram o mundo entre si, no sentido figurado do termo. Mas o capital financeiro também conduziu à partilha *direta* do mundo.

---

[99] Riesser, *op. cit.*, p. 375, 4ª ed.; Diouritch, *op. cit.*, p. 283.

[100] *The Annals of the American Academy of Political and Social Science*, v. LIX, maio de 1915, p. 103. Nessa mesma publicação, na p. 331, lemos que, no último número da revista financeira *Statistic,* o conhecido especialista em estatística Paish calculava em 40 bilhões de dólares, isto é, 200 bilhões de francos, os capitais exportados por Inglaterra, Alemanha, França, Bélgica e Holanda.

CAPÍTULO V

A PARTILHA DO MUNDO ENTRE AS ASSOCIAÇÕES CAPITALISTAS

As associações de monopolistas capitalistas – cartéis, sindicatos, trustes – partilham entre si, em primeiro lugar, o mercado interno, apoderando-se mais ou menos completamente da produção do país. Mas, sob o capitalismo, o mercado interno está inevitavelmente vinculado ao externo. Há muito que o capitalismo criou um mercado mundial. E, à medida que aumentava a exportação de capitais e se ampliavam, sob todas as formas, as relações com o estrangeiro e com as colônias, assim como as "esferas de influência" das maiores associações monopolistas, a marcha "natural" das coisas levou a um acordo universal entre elas, à constituição de cartéis internacionais.

É um novo grau da concentração mundial do capital e da produção, um grau incomparavelmente mais elevado que os anteriores. Vejamos como surge este supermonopólio.

A indústria elétrica é a mais típica, do ponto de vista dos últimos avanços da técnica, do capitalismo de fins do século XIX e princípios do século XX. Esta indústria teve seu maior desenvolvimento nos dois novos países capitalistas mais avançados: os Estados Unidos e a Alemanha. Na Alemanha, a crise de 1900 contribuiu particularmente para a concentração deste ramo da indústria. Os bancos, nessa época já bastante ligados à indústria, aceleraram e aprofundaram ao mais alto grau, durante essa crise, a ruína das empresas relativamente pequenas e a sua absorção pelas grandes. "Os bancos – diz Jeidels – negaram apoio precisamente às empresas que mais necessitavam, provocando com isso, a princípio, um crescimento vertiginoso, e depois o *crack* irremediável das sociedades que não estavam suficientemente ligadas a eles."[101]

Como resultado, a concentração avançou, depois de 1900, a passos de gigante. Até então, existiam sete ou oito "grupos" na indústria elétrica, cada um composto por várias sociedades (no total havia 28), e por detrás de cada um havia de dois a 11 bancos. Por volta de 1908-1912, todos esses grupos se fundiram em um ou dois. Eis como se produziu o referido processo:

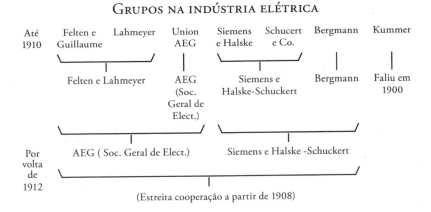

A famosa AEG (Sociedade Geral de Eletricidade), assim desenvolvida, exerce o seu domínio sobre 175 ou 200 sociedades (através do sistema de "participação") e dispõe de um capital total de cerca de *1,5 bilhão* de marcos. Só no estrangeiro, conta com 34 representações diretas, 12 das quais são sociedades anônimas estabelecidas em mais de dez países. Em 1904, calculava-se que os capitais investidos pela indústria elétrica alemã no estrangeiro chegavam a 233 milhões de marcos, dos quais 62 milhões na Rússia. Desnecessário dizer que a Sociedade Geral de Eletricidade

---

[101] Jeidels, *op. cit.*, p. 232.

constitui uma gigantesca empresa "combinada" – só o número das suas sociedades fabris é de 16 – que produz os mais variados artigos, desde cabos e isoladores até automóveis e aparelhos voadores.

Mas a concentração na Europa foi também um elemento integrante no processo de concentração na América do Norte que se produziu da seguinte maneira:

Companhia Geral de Eletricidade (General Electríc Co.)

América	A Cia. Thompson-Houston funda uma firma para a Europa	A Cia. Edison funda para a Europa a Cia. Francesa Edison que cede as suas patentes a uma firma alemã.
Alemanha	Cia. Union de Eletricidade	Sociedade Geral de Eletricidade (AEG)

Sociedade Geral de Eletricidade (AEG)

Deste modo se formaram *duas* "potências" elétricas. "É impossível encontrar no mundo uma única sociedade elétrica que seja *completamente* independente delas", diz Heinig no seu artigo "Os caminhos do truste da eletricidade". Os números seguintes dão uma ideia, muito longe de ser completa, das proporções do volume de negócios e da dimensão das empresas de ambos os trustes.

	Anos	Volume de negócios (em milhões de marcos)	Número de empregados	Lucro líquido (em milhões de marcos)
América do Norte: Companhia Geral de Electricidade (GEC)	1907 1910	252 298	28.000 32.000	35,4 45,6
Alemanha: Sociedade Geral de Electricidade (AEG)	1907 1911	216 362	30.700 60.800	14,5 21,7

E eis que, em 1907, se estabeleceu entre o truste americano e o truste alemão um acordo para a partilha do mundo. Foi suprimida a concorrência: a GEC "recebeu" os Estados Unidos e o Canadá; à AEG "coube" a Alemanha, a Áustria, a Rússia, a Holanda, a Dinamarca, a Suíça, a Turquia e os Balcãs. Firmaram-se acordos especiais, naturalmente secretos, em relação às filiais, que penetram em novos ramos da indústria e em países "novos", ainda não incluídos formalmente na partilha. Estabeleceu-se o intercâmbio de invenções e experiências.[102]

Compreende-se toda a dificuldade da concorrência com este truste, de fato único e mundial, que dispõe de um capital de bilhões e cujas "sucursais", representações, agências, relações etc. estão em todos os cantos do mundo. Mas a partilha do mundo entre dois trustes fortes não exclui, naturalmente, *uma nova partilha*, no caso de se modificar a correlação de forças em consequência da desigualdade do desenvolvimento, das guerras, dos *crack*s etc.

A indústria do petróleo oferece-nos um exemplo elucidativo de uma tentativa de nova partilha deste gênero, da luta para realizá-la.

"O mercado mundial do petróleo – escrevia Jeidels em 1905 – encontra-se ainda atualmente dividido entre dois grandes grupos financeiros: o truste americano Standard Oil Co., de Rockefeller, e os donos do petróleo russo de Baku, isto é, Rothschild e Nobel. Ambos os grupos estão intimamente ligados entre si, mas a sua situação de monopólio encontra-se ameaçada há alguns anos por cinco inimigos":[103] 1) o esgotamento das jazidas norte-americanas de petróleo; 2) a concorrência da firma Mantáshev em Baku; 3) as jazidas da Áustria; 4) as da Romênia; 5) as jazidas de petróleo transoceânicas, particularmente nas colônias holandesas (as riquíssimas firmas Samuel e Shell, também ligadas ao capital inglês). Os três últimos grupos de empresas estão relacionados com os grandes bancos alemães, e em primeiro lugar com o Banco

---

[102] Riesser, *op. cit.*; Diouritch, *op. cit.*, p. 239; Kurt Heinig, *op. cit.*

[103] Jeidels, *op. cit.*, p. 192-193.

Alemão, o mais importante deles. Eles impulsionaram de forma sistemática e independente a indústria petrolífera, por exemplo na Romênia, a fim de ter o "seu" ponto de apoio. Em 1907, calculava-se que na indústria romena do petróleo havia capitais estrangeiros no valor de 185 milhões de francos, dos quais 74 milhões eram alemães.[104]

Começou o que nas publicações econômicas denomina-se luta pela "partilha do mundo". Por um lado, a Standard Oil, de Rockefeller, desejosa de se apoderar de *tudo*, fundou uma filial *na própria* Holanda, adquirindo as jazidas da Índia Holandesa e procurando assestar, assim, um golpe no seu inimigo principal: o truste anglo-holandês Shell. Por outro lado, o Banco Alemão e outros bancos berlinenses procuravam "conservar" a Romênia e uni-la à Rússia contra Rockefeller. Este último possuía um capital incomparavelmente mais volumoso e uma magnífica organização de transportes e abastecimento aos consumidores. A luta devia terminar, e terminou, em 1907, com a derrota completa do Banco Alemão, diante do qual se abriam dois caminhos: ou liquidar, com perdas de milhões, os seus "interesses petrolíferos", ou submeter-se. Escolheu o segundo e concluiu um acordo muito pouco vantajoso com a Standard Oil. No referido acordo comprometia-se "a não fazer nada em prejuízo dos interesses norte-americanos", com a ressalva, no entanto, de que o convênio perderia a sua vigência no caso de a Alemanha vir a aprovar uma lei implantando o monopólio do Estado sobre o petróleo.

Começa então a "comédia do petróleo". Von Gwinner, diretor do Banco Alemão e um dos reis financeiros da Alemanha, organiza, por meio do seu secretário particular, Stauss, uma campanha *a favor* do monopólio do petróleo. Põe-se em ação todo o gigantesco aparelho do mais importante banco berlinense, todas as vastas "relações" de que dispõe. A imprensa enche-se

---

[104] Diouritch, *op. cit.*, p. 245-246.

de clamores "patrióticos" contra o "jugo" do truste americano, e o Reichstag decide, quase por unanimidade, em 15 de março de 1911, apresentar ao governo uma moção para preparar um projeto de monopólio do petróleo. O governo aceitou esta ideia "popular", e o Banco Alemão, desejoso de enganar o seu rival norte-americano e de pôr em ordem os seus negócios mediante o monopólio de Estado, parecia ter ganhado a partida. Os reis alemães do petróleo já esfregavam as mãos de prazer pensando nos seus lucros fabulosos, que não seriam inferiores aos dos fabricantes de açúcar russos... Mas, em primeiro lugar, os grandes bancos alemães se indispuseram entre si por causa da partilha do saque, e a Sociedade de Desconto revelou os objetivos interessados do Banco Alemão; em segundo lugar, o governo assustou-se com a ideia de uma luta contra Rockefeller, pois era muito duvidoso que a Alemanha conseguisse obter petróleo sem contar com ele (o rendimento da Romênia não é muito considerável); em terceiro lugar, quase ao mesmo tempo, em 1913, votava-se um crédito de 1 bilhão para os preparativos de guerra da Alemanha. O projeto de monopólio foi adiado. Momentaneamente, a Standard Oil de Rockefeller saiu vitoriosa da luta.

A revista berlinense *Die Bank* escreveu a este respeito que a Alemanha não poderia lutar contra a Standard Oil a não ser implantando o monopólio de eletricidade e convertendo a força hidráulica em energia elétrica barata.

> Mas – acrescentava – o monopólio da eletricidade virá quando dele necessitarem os produtores: quando nos encontrarmos em vésperas de outro grande *crack*, desta vez na indústria elétrica, e quando as gigantescas e caras centrais elétricas, que os 'consórcios' privados da indústria elétrica estão agora construindo em toda parte e para as quais já estão obtendo diversos monopólios dos municípios dos Estados etc., já não puderem funcionar com lucro. Será necessário então pôr em marcha as forças hidráulicas; mas não será possível convertê-las em eletricidade barata por conta do Estado, tornando-se necessário entregá-las também a um 'monopólio privado sub-

metido ao controle do Estado', pois a indústria privada já concluiu uma série de acordos e obteve grandes privilégios (...) foi assim com o monopólio da potassa, assim sucede com o monopólio do petróleo e assim será com o monopólio da eletricidade. Já é tempo de os nossos socialistas de Estado, que se deixam deslumbrar por princípios brilhantes, compreenderem que, na Alemanha, os monopólios nunca tiveram a intenção de proporcionar vantagens aos consumidores ou mesmo dispor ao Estado uma parte dos lucros patronais, servindo unicamente para sanear, à custa do Estado, a indústria privada, cuja falência era eminente.[105]

Estas são as valiosas confissões que os economistas burgueses da Alemanha se veem obrigados a fazer. Por aqui, vemos claramente como, na época do capital financeiro, os monopólios de Estado e os privados se entrelaçam, formando um todo, e como tanto uns quanto outros não são na realidade mais do que diferentes elos da luta imperialista travada pelos maiores monopolistas pela partilha do mundo.

Na Marinha Mercante, o gigantesco processo de concentração conduziu também à partilha do mundo. Na Alemanha, destacaram-se duas grandes sociedades: Hamburg-Amerika Line e a Nord-Deustche Lloyd, com um capital de 200 milhões de marcos (ações e obrigações) cada uma, possuindo barcos num valor de 185 a 189 milhões de marcos. Por outro lado, fundou-se na América do Norte, em 1º de janeiro de 1903, o chamado truste Morgan, a Companhia Internacional de Comércio Marítimo, que agrupa nove companhias de navegação norte-americanas e inglesas e dispõe de um capital de 120 milhões de dólares (480 milhões de marcos). Ainda em 1903, os colossos alemães e esse truste anglo-americano firmaram um contrato sobre a partilha do mundo no que se refere à partilha dos lucros. As sociedades alemãs renunciaram a entrar na concorrência dos transportes entre a Inglaterra e a América do Norte. Fixaram-se taxativamente os

---

[105] *Die Bank*, 1912, 1, p. 1.036; 1912, 2, p. 629 e 1.036; 1913, p. 388.

portos "reservados" a cada um, criou-se um comitê de controle comum etc. O contrato era celebrado por 20 anos, com a prudente reserva de que perderia a validade em caso de guerra.[106]

É também extraordinariamente elucidativa a história da constituição do cartel internacional dos fabricantes de trilhos de aço. A primeira vez que as fábricas de trilhos inglesas, belgas e alemãs tentaram constituir o referido cartel foi em 1884, num período de depressão industrial muito grave. Estabeleceram um acordo para os signatários do pacto não competirem nos mercados internos dos respectivos países, e os mercados externos foram distribuídos na seguinte proporção: Inglaterra com 66%, Alemanha com 27% e Bélgica com 7%. A Índia ficou inteiramente à disposição da Inglaterra. Fez-se, em comum, a guerra a uma companhia inglesa que tinha ficado à margem do acordo. Os gastos dessa guerra foram cobertos com uma porcentagem das vendas gerais. Mas em 1886, quando duas firmas inglesas se retiraram do cartel, ele desmoronou. É característico o fato de o acordo não ter sido possível durante os períodos de prosperidade industrial que se seguiram.

No início de 1904, fundou-se o sindicato do aço da Alemanha. Em novembro do mesmo ano, o cartel internacional dos trilhos de aço se reconstituiu com a seguinte proporção: Inglaterra com 53,5%, Alemanha com 28,83% e Bélgica com 17,67%. Mais tarde, a França se incorporou com 4,8%, 5,8% e 6,4% no primeiro, segundo e terceiro anos respectivamente, além dos 100%, quer dizer, sobre um total de 104,8%, e assim sucessivamente. Em 1905, o truste do aço dos Estados Unidos (Corporação do Aço) aderiu ao cartel; depois juntaram-se-lhe a Áustria e a Espanha. "No momento atual – dizia Vogelstein em 1910 –, a partilha do mundo está concluída, e os grandes consumidores, em primeiro lugar as ferrovias do Estado, podem viver – visto que o mundo

---

[106] Riesser, *op. cit.*, p. 125.

já está repartido sem ter em conta os seus interesses –, como o poeta nos céus de Júpiter".[107]

Mencionemos também o sindicato internacional do zinco, fundado em 1909, que fez uma distribuição exata do volume da produção entre cinco grupos de fábricas: alemãs, belgas, francesas, espanholas e inglesas; depois, o truste internacional da pólvora, essa "estreita aliança, perfeitamente moderna – segundo palavras de Liefmann –, de todas as fábricas alemãs de explosivos, que, reunidas mais tarde às fábricas de dinamite francesas e americanas, organizadas de maneira análoga, partilharam, por assim dizer, o mundo inteiro".[108]

Segundo Liefmann, em 1897 havia cerca de 40 cartéis internacionais com a participação da Alemanha; em 1910, já era quase uma centena.

Alguns escritores burgueses (aos quais se juntou agora Kautsky, que traiu completamente a sua posição marxista de 1909, por exemplo) emitiram a opinião de que os cartéis internacionais, sendo uma das expressões mais marcantes da internacionalização do capital, permitem acalentar a esperança de que a paz entre os povos imperará sob o capitalismo. Esta opinião é, do ponto de vista teórico, completamente absurda e, do ponto de vista prático, um sofisma, um meio de defesa pouco honesto do oportunismo da pior espécie. Os cartéis internacionais mostram até que ponto os monopólios cresceram e *quais são os objetivos* da luta que se desenrola entre os grupos capitalistas. Esta última circunstância é a mais importante, só ela nos esclarece o sentido histórico-econômico dos acontecimentos, pois a *forma* de luta pode mudar, e muda constantemente, de acordo com diversas causas, relativamente particulares e temporais, enquanto a *essência* da luta, o seu *conteúdo* de classe, não *pode* mudar enquanto subsistirem

---

[107] Vogelstein, *Organisationsformen*, p. 100.
[108] Liefmann, *Kartelle und Trusts*, 2ª ed., p. 161.

as classes. Compreende-se, por exemplo, que seja do interesse da burguesia alemã – para a qual Kautsky se bandeou, de fato, no curso da sua evolução teórica (como veremos mais adiante) – a conveniência de ocultar o *conteúdo* da luta econômica atual (pela partilha do mundo), de sublinhar ora uma ora outra *forma* dessa luta. Kautsky incorre neste mesmo erro. E não se trata apenas, naturalmente, da burguesia alemã, mas da burguesia mundial. Os capitalistas não partilham o mundo levados por uma particular perversidade, mas porque o grau de concentração a que se chegou os obriga a seguir esse caminho para obterem lucros; e repartem-no "segundo o capital", "segundo a força"; qualquer outro processo de partilha é impossível no sistema de produção mercantil e no capitalismo. A força varia, por sua vez, de acordo com o desenvolvimento econômico e político; para compreender o que está acontecendo, é necessário saber quais problemas são solucionados pelas mudanças da força, mas saber se essas mudanças são "puramente" econômicas ou *extraeconômicas* (por exemplo, militares) é algo secundário e não pode modificar em nada a concepção fundamental sobre a época atual do capitalismo. Substituir o *conteúdo* da luta e das transações entre os grupos capitalistas pela forma desta luta e destas transações (hoje pacífica, amanhã não pacífica, depois de amanhã outra vez não pacífica) significa se rebaixar ao papel de sofista.

A época do capitalismo contemporâneo nos mostra que estão se estabelecendo determinadas relações entre os grupos capitalistas *com base* na partilha econômica do mundo, e que, ao mesmo tempo, em ligação com isto, estão se estabelecendo determinadas relações entre os grupos políticos, entre os Estados, baseadas na partilha territorial do mundo, na luta pelas colônias, na "luta pelo território econômico".

CAPÍTULO VI

A PARTILHA DO MUNDO
ENTRE AS GRANDES POTÊNCIAS

No seu livro sobre o "desenvolvimento territorial das colônias europeias",[109] o geógrafo A. Supan dá o seguinte resumo desse desenvolvimento em fins do século XIX:

PERCENTAGEM DE TERRITÓRIO PERTENCENTE ÀS POTÊNCIAS COLONIAIS EUROPEIAS E AOS ESTADOS UNIDOS

	1876	1900	Diferenças
África	10,8	90,4	+79,6
Polinésia	56,8	98,9	+42,1
Ásia	51,5	56,6	+5,1
Austrália	100	100	—
América	27,5	27,2	-0,3

"O traço característico deste período – conclui o autor – é, consequentemente, a partilha da África e da Polinésia." Como não existem terras desocupadas nem na Ásia nem na América, isto é, que não pertençam a nenhum Estado, há que ampliar a conclusão de Supan e dizer que o traço característico do período em questão é a partilha definitiva do planeta, definitiva não no sentido de ser impossível *reparti-lo de novo* – ao contrário, novas partilhas são possíveis e inevitáveis –, mas no sentido de que a política colonial dos países capitalistas *já completou* a conquista de todas as terras não ocupadas em nosso planeta. Pela

---

[109] A. Supan, *Die territoriale Entwicklung der europäischen Kolonien*, 1906, p. 254.

primeira vez, o mundo encontra-se completamente repartido, de tal modo que, no futuro, *somente* novas partilhas serão possíveis, ou seja, a passagem de territórios de um "proprietário" para outro, e não a passagem de um território sem proprietário para um "dono".

Vivemos, por conseguinte, numa época peculiar da política colonialista mundial, que se encontra intimamente relacionada com a "fase mais recente de desenvolvimento do capitalismo", com o capital financeiro. Por isso é necessário, acima de tudo, nos determos mais detalhadamente nos dados concretos, para compreendermos da maneira mais precisa possível tanto a diferença existente entre esta época e as anteriores quanto a situação atual. Em primeiro lugar, surgem duas questões concretas: verifica-se uma acentuação da política colonial, uma exacerbação da luta pelas colônias, precisamente na época do capital financeiro? Deste ponto de vista, como o mundo se encontra repartido na atualidade?

O escritor norte-americano Morris, no seu livro sobre a história da colonização,[110] procura reunir os dados sobre a extensão das possessões coloniais da Inglaterra, da França e da Alemanha nos diferentes períodos do século XIX. Eis aqui, de forma breve, os resultados obtidos.

DIMENSÃO DAS POSSESSÕES COLONIAIS

Anos	Inglaterra		França		Alemanha	
	Superfície (em milhões de km²)	População (em milhões)	Superfície (em milhões de km²)	População (em milhões)	Superfície (em milhões de km²)	População (em milhões)
1815-1830	?	126,4	0,02	0,5	—	—
1860	2,5	145,1	0,2	3,4	—	—
1880	7,7	267,9	0,7	7,5	—	—
1899	9,3	309,0	3,7	56,4	1,0	14,7

---

[110] Henry C. Morris, *The history of colonization*, Nova York, 1900, t. II, p. 88; I, p. 419; II, p. 30.

Para a Inglaterra, o período de enorme intensificação das conquistas coloniais corresponde aos anos 1860 a 1890, e também é muito considerável durante os últimos 20 anos do século XIX. Para a França e para a Alemanha, este período corresponde exatamente a esses 20 anos. Vimos anteriormente que o desenvolvimento máximo do capitalismo pré-monopolista, o capitalismo em que predomina a livre concorrência, vai de 1860 a 1870. Agora vemos que *é exatamente depois desse período* que começa o enorme "auge" de conquistas coloniais, que a luta pela partilha territorial do mundo se torna extremamente aguda. É indubitável, por conseguinte, que a passagem do capitalismo a seu estágio monopolista, ao capital financeiro, *se encontra relacionada* com o acirramento da luta pela partilha do mundo.

No seu livro sobre o imperialismo, Hobson destaca os anos que vão de 1884 a 1900 como um período de intensa "expansão" dos principais Estados europeus. Segundo os seus cálculos, a Inglaterra adquiriu nesse período 5,95 milhões de km^2 com uma população de 57 milhões de habitantes; a França, 7,79 milhões de km^2 com 36,5 milhões de habitantes; a Alemanha, 1,6 milhão de km^2 com 14,7 milhões de habitantes; a Bélgica, 1,44 milhão de km^2 com 30 milhões de habitantes; Portugal, 1,28 milhão de km^2 com 9 milhões de habitantes. Em fins do século XIX, sobretudo a partir da década de 1880, todos os Estados capitalistas se esforçaram por adquirir colônias, o que constitui um fato universalmente conhecido da história da diplomacia e da política externa.

Na época de maior florescimento da livre concorrência na Inglaterra, entre 1840 e 1860, os dirigentes políticos burgueses deste país eram *contra* a política colonial, e consideravam a emancipação das colônias e a sua separação completa da Inglaterra algo útil e inevitável. M. Beer diz, num artigo publicado em 1898 sobre o "imperialismo inglês contemporâneo",[111] que, em 1852,

---

[111] *Die Neue Zeit*, XVI, I, 1898, p. 302.

IMPERIALISMO, ESTÁGIO SUPERIOR DO CAPITALISMO

um estadista britânico como Disraeli, geralmente tão favorável ao imperialismo, declarava que "as colônias são fardos pesados de se carregar". Em contrapartida, no final do século XIX, os heróis do dia na Inglaterra eram Cecil Rhodes e Joseph Chamberlain, que pregavam abertamente o imperialismo e aplicavam uma política imperialista com o maior cinismo!

Não deixa de ter interesse assinalar que esses dirigentes políticos da burguesia inglesa já viam claramente a ligação existente entre as raízes puramente econômicas, por assim dizer, do imperialismo moderno e as suas raízes sociais e políticas. Chamberlain preconizava o imperialismo como uma "política justa, prudente e econômica", destacando sobretudo a concorrência que a Inglaterra agora enfrenta no mercado mundial por parte da Alemanha, da América e da Bélgica. A salvação está no monopólio, diziam os capitalistas, ao fundar cartéis, sindicatos, trustes. A salvação está no monopólio, repetiam os chefes políticos da burguesia, apressando-se em se apoderar das partes do mundo ainda não repartidas. E Cecil Rhodes, segundo conta seu amigo íntimo, o jornalista Stead, dizia-lhe a propósito das suas ideias imperialistas, em 1895:

> Ontem estive no East-End londrino (bairro operário) e assisti a uma assembleia de desempregados. Ao ouvir ali discursos exaltados cuja nota dominante era pão!, pão!, e ao refletir, no caminho de volta para casa, sobre o que tinha ouvido, convenci-me, mais do que nunca, da importância do imperialismo (...). A ideia que acalento representa a solução do problema social: para salvar os 40 milhões de habitantes do Reino Unido de uma mortífera guerra civil, nós, os políticos coloniais, devemos nos apossar de novos territórios; para eles, enviaremos o excedente de população e neles encontraremos novos mercados para os produtos das nossas fábricas e das nossas minas. O império, como sempre digo, é uma questão de estômago. Se quereis evitar a guerra civil, deveis tornar-vos imperialistas.[112]

---

[112] *Die Neue Zeit*, XVI, I, 1898, p. 304.

V. I. LENIN

Assim falava, em 1895, Cecil Rhodes, milionário, rei da finança e principal responsável da guerra anglo-boer. Esta defesa do imperialismo é simplesmente grosseira e cínica, mas, no fundo, não se diferencia da "teoria" dos senhores Máslov, Südekum, Potréssov, David, do fundador do marxismo russo etc. etc. Cecil Rhodes era um social-chauvinista um pouco mais honesto.

Para dar um panorama o mais exato possível da partilha territorial do globo e das mudanças sob este aspecto nas últimas décadas, utilizaremos os resumos que Supan fornece na obra mencionada sobre as possessões coloniais de todas as potências do mundo. O autor compara os anos 1876 e 1900; nós tomaremos o ano de 1876 – ponto de referência muito acertadamente escolhido, pois é precisamente nesta época que se pode dizer que o estágio pré-monopolista do desenvolvimento do capitalismo na Europa ocidental se completa em termos gerais – e o ano de 1914, substituindo os números de Supan pelos mais recentes de Hübner, que extraímos das suas *Tábuas geográfico-estatísticas*. Supan estuda só as colônias; consideramos útil (para que o quadro da partilha do mundo seja completo) acrescentar uns breves dados sobre os países não coloniais e as semicolônias, entre as quais incluímos a Pérsia, a China e a Turquia. O primeiro destes países já se transformou quase completamente em colônia; o segundo e o terceiro estão em vias de se converterem.

Como resultado, obteremos o seguinte (ver quadro p. 110):

Vê-se claramente como a partilha do mundo já tinha "terminado" no final do século XIX e começo do século XX. As possessões coloniais aumentaram em proporções gigantescas depois de 1876: em mais de 50%, de 40 para 65 milhões de km², para as seis potências mais importantes; o aumento é de 25 milhões de km², 50% mais do que a área das metrópoles (16,5 milhões de km²). Três potências não possuíam colônias em 1876, e uma quarta, a França, quase não as tinha. Em 1914, essas quatro potências tinham adquirido colônias com uma área de 14,1 milhões de km², isto é,

IMPERIALISMO, ESTÁGIO SUPERIOR DO CAPITALISMO

POSSESSÕES COLONIAIS DAS GRANDES POTÊNCIAS
(EM MILHÕES DE KM² E EM MILHÕES DE HABITANTES)

	Colônias				Metrópoles		Total	
	1876		1914		1914		1914	
	km²	hab.	km²	hab	km²	hab	km²	hab
Inglaterra	22,5	251,9	33,5	393,5	0,3	46,5	33,8	440,0
Rússia	17,0	15,9	17,4	33,2	5,4	136,2	22,8	169,4
França	0,9	6,0	10,6	55,5	0,5	39,6	11,1	95,1
Alemanha	—	—	2,9	12,3	0,5	64,9	3,4	77,2
Estados Unidos	—	—	0,3	9,7	9,4	97,0	9,7	106,7
Japão	—	—	0,3	19,2	0,4	53,0	0,7	72,2
Total para as seis grande potências	40,4	273,8	65,0	523,4	16,5	437,2	81,5	960,6
Colônias de outra potências (Bélgica, Holanda etc.)							9,9	45,3
Semicolônias (Pérsia, China, Turquia)							14,5	361,2
Outros países							28,0	289,9
Total na terra							*133,9*	*1.657,0*

cerca de 50% mais do que a área da Europa, com uma população de quase 100 milhões de habitantes. A desigualdade na expansão colonial é muito grande. Se compararmos, por exemplo, a França, a Alemanha e o Japão, que não são muito diferentes quanto à área e ao número de habitantes, verificamos que o primeiro desses países adquiriu quase três vezes mais colônias (do ponto de vista da área) que o segundo e o terceiro juntos. Mas, pelo volume do seu capital financeiro, a França, no início do período considerado, também era, talvez, várias vezes mais rica do que a Alemanha e o Japão juntos. As condições estritamente econômicas não são as únicas a influenciar o desenvolvimento das possessões coloniais; também jogam o seu papel condições geográficas e outras. Por mais vigoroso que tenha sido, durante as últimas décadas, o nivelamento do mundo e das condições econômicas e de vida dos diferentes países sob a pressão da grande indústria, do comércio e do capital financeiro, a diferença continua a ser, no entanto, considerável; e entre os seis países mencionados encontramos, por um lado, países capitalistas jovens que progrediram com uma rapidez extraordinária (a América do Norte, a Alemanha e o Japão), e, por outro, há países capitalistas velhos que, durante os últimos anos, progrediram muito mais lentamente do que os anteriores (a França e a Inglaterra); em terceiro lugar, o país mais atrasado economicamente (a Rússia), no qual o imperialismo capitalista moderno se encontra envolvido, por assim dizer, numa rede particularmente densa de relações pré-capitalistas.

Ao lado das possessões coloniais das grandes potências, colocamos as colônias menos importantes dos Estados pequenos, que são, por assim dizer, o objetivo imediato de uma "nova partilha", possível e provável, das colônias. A maioria desses Estados pequenos somente conserva as suas colônias pelo fato de existirem interesses opostos, fricções etc. entre as grandes potências que dificultam um acordo para a partilha do saque. Quanto aos Estados "semicoloniais", nos dão um exemplo das formas de transição que encontramos em todas as esferas da natureza e da sociedade. O capital financeiro é uma força tão considerável, pode se dizer tão decisiva, em todas as relações econômicas e internacionais que é capaz de subordinar, e de fato subordina, até mesmo os Estados que gozam da independência política mais completa, como veremos a seguir. Naturalmente, a subordinação mais lucrativa e "cômoda" para o capital financeiro é *aquela* que traz consigo a perda da independência política dos países e dos povos submetidos. Neste sentido, os países semicoloniais são típicos exemplos de "caso intermediário". Compreende-se, pois, que a luta por esses países semidependentes tenha se tornado intensa, sobretudo na época do capital financeiro, quando o resto do mundo se encontrava já repartido.

A política colonial e o imperialismo existiam já antes do estágio mais recente do capitalismo e até antes do capitalismo. Roma, baseada na escravatura, manteve uma política colonial e exerceu o imperialismo. Mas as considerações "gerais" sobre o imperialismo que esquecem ou relegam para segundo plano as diferenças radicais entre as formações econômico-sociais degeneram-se inevitavelmente em trivialidades ocas ou em jactâncias, tais como a de comparar "a grande Roma com a Grã-Bretanha".[113] Mesmo a política colonial capitalista das fases *anteriores* do capitalismo é essencialmente diferente da política colonial do capital financeiro.

A principal característica do capitalismo moderno consiste na dominação exercida pelas associações monopolistas dos grandes patrões. Estes monopólios adquirem a máxima solidez quando reúnem nas suas mãos *todas* as fontes de matérias-primas, e já vimos com que ardor as associações internacionais de capitalistas se esforçam para retirar do adversário toda a possibilidade de concorrência para adquirir, por exemplo, as terras que contêm minério de ferro, campos de petróleo etc. A posse de colônias por si só traz aos monopólios garantia completa de êxito contra todas as contingências da luta com o adversário, mesmo quando este procura defender-se mediante uma lei que implante o monopólio do Estado. Quanto mais desenvolvido está o capitalismo, quanto mais sensível se torna a falta de matérias-primas, quanto mais dura é a concorrência e a procura de fontes de matérias-primas em todo o mundo, tanto mais encarniçada é a luta pela aquisição de colônias.

"Pode-se arriscar a afirmação – escreve Schilder –, que parecerá paradoxal a alguns, de que o crescimento da população urbana e industrial, num futuro mais ou menos próximo, pode encontrar mais obstáculos na falta de matérias-primas para a indústria do que na de produtos alimentares." Dessa forma, por exemplo, se acentua a escassez de madeira, cujo preço sobe sem parar, de peles e de matérias-primas para a indústria têxtil.

As associações de industriais tentam estabelecer o equilíbrio entre a agricultura e a indústria no quadro de toda a economia mundial; como

---

[113] C. P. Lucas, *Greater Rome and greater Britain*, Oxford, 1912; ou Earl Cromer, *Ancient and Modern Imperialism*, Londres, 1910.

exemplo se pode citar a união internacional das associações de fabricantes de tecidos existente em alguns dos países industriais mais importantes, fundada em 1904, e a união europeia de associações de fabricantes de tecidos de linho, constituída, em 1910, à imagem da anterior.[114]

Claro que os reformistas burgueses, e entre eles, sobretudo os atuais kautskistas, procuram atenuar a importância desses fatos, afirmando que as matérias-primas "poderiam ser" adquiridas no mercado livre sem uma política colonial "cara e perigosa", que a oferta de matérias-primas "poderia ser" aumentada em proporções gigantescas com um "simples" melhoramento das condições da agricultura em geral. Mas essas afirmações convertem-se numa apologia do imperialismo, numa tentativa de maquiá-lo, pois se baseiam no obscurecimento da principal característica do capitalismo contemporâneo: os monopólios. O mercado livre cada vez mais passa para o domínio da história, os sindicatos e trustes monopolistas o reduzem dia após dia, e a "simples" melhora das condições da agricultura traduz-se na melhora da situação das massas, no aumento dos salários e na diminuição dos lucros. Onde existem, a não ser na fantasia dos reformistas sentimentais, trustes capazes de se preocupar com a situação das massas, e não com a conquista de colônias?

O capital financeiro não está interessado apenas nas fontes de matérias-primas já descobertas, mas também em fontes em potencial, pois, nos nossos dias, a técnica avança com uma rapidez incrível, e as terras não aproveitáveis hoje podem tornar-se terras úteis amanhã, se forem descobertos novos métodos (para tal fim, um grande banco pode enviar uma expedição especial de engenheiros, agrônomos etc.), se forem investidos grandes capitais. O mesmo acontece com a exploração de riquezas minerais, com os novos métodos de elaboração e utilização de tais ou tais matérias-primas etc. etc. Daí a tendência inevitável do capital financeiro

---

[114] Schilder, *op. cit*, p. 38-42.

em ampliar o seu território econômico e até o seu território em geral. Do mesmo modo que os trustes capitalizam os seus bens atribuindo-lhes o dobro ou o triplo do seu valor, tomando em consideração os lucros "possíveis" no futuro (e não os lucros presentes) e os resultados posteriores do monopólio, o capital financeiro manifesta a tendência geral em se apoderar das maiores extensões de território possíveis, sejam eles quais forem, estejam onde estiverem, por qualquer meio, pensando nas possíveis fontes de matérias-primas e temendo ficar para trás na luta furiosa pelas últimas parcelas do mundo ainda não repartidas ou por conseguir uma nova partilha das já repartidas.

Os capitalistas ingleses envidam todos os esforços para ampliar a produção de algodão na *sua* colônia, o Egito (em 1904, dos 2,3 milhões de hectares de terra cultivada no Egito, 60 mil, isto é, mais de um quarto, eram destinados ao algodão); os russos fazem o mesmo em *sua* colônia, Turquestão. Assim, é mais fácil para eles vencer os seus concorrentes estrangeiros, monopolizar as fontes de matérias-primas, criar um truste têxtil mais econômico e mais lucrativo, em que *todos* os processos de produção e transformação sejam "combinados" e concentrados nas mãos de um só grupo.

Os interesses da exportação de capitais levam do mesmo modo à conquista de colônias, pois no mercado colonial é mais fácil (e por vezes só nele é possível), utilizando meios monopolistas, suprimir o concorrente, garantir encomendas, consolidar as "relações" necessárias etc.

A superestrutura extraeconômica que se ergue sobre a base do capital financeiro, a sua política e a sua ideologia, reforça a tendência para as conquistas coloniais. "O capital financeiro não quer a liberdade, mas a dominação", diz com razão Hilferding. E um escritor burguês da França, como se ampliasse e completasse as ideias de Cecil Rhodes que citamos anteriormente,[115] afirma que é

---

[115] Ver p. 112 da presente edição (N. E.).

necessário juntar as causas de ordem social às causas econômicas da política colonial contemporânea:

> As crescentes dificuldades da vida, que pesam não só sobre as massas operárias, mas também sobre as classes médias, estão acumulando, em todos os países de velha civilização, 'impaciência', rancores e ódios que ameaçam a paz pública; energias desviadas de seu meio social e que devem ser captadas para se empregar em qualquer grande obra no exterior para evitar que explodam no seu interior.[116]

Ao falar da política colonial da época do imperialismo capitalista, é necessário notar que o capital financeiro e sua correspondente política internacional, que se traduz na luta das grandes potências pela partilha econômica e política do mundo, originam abundantes formas *transitórias* de dependência estatal. Para esta época, são típicos não só os dois grupos fundamentais de países – os que possuem colônias e as colônias –, mas também as variadas formas de países dependentes que, de um ponto de vista formal, são politicamente independentes, mas que na realidade se encontram enredados nas malhas da dependência financeira e diplomática. Nós já nos referimos a uma destas formas anteriormente, a semicolônia. Um modelo de outra forma é, por exemplo, a Argentina.

"A América do Sul, e sobretudo a Argentina – diz Schulze-Gaevernitz no seu livro sobre o imperialismo britânico –, encontra-se em tal dependência financeira em relação a Londres que quase poderíamos qualificá-la de colônia comercial inglesa."[117] Segundo Schilder, os capitais investidos pela Inglaterra na Argentina, de acordo com os dados fornecidos pelo cônsul austro-húngaro em Buenos Aires, em 1909, somavam 8,75 bilhões de francos. Não é

---

[116] Wahl, *La France aux colonies,* cit. por Henri Russier, *Le partage de l'Océanie,* Paris, 1905, p. 165.

[117] Schulze-Gavaernitz, *Briticher Imperialismus und englisher Freihandel zu Beginn des 20-tem Jahrhunderts,* Leipzig, 1906, p. 318. O mesmo diz Sartorius von Walterhausen, *Das volkswirtschaftliche System der Kapitalanlage im Auslande,* 1907, p. 46.

difícil imaginar que isto assegura ao capital financeiro da Inglaterra – e à sua fiel "amiga", a diplomacia – as fortes relações com a burguesia da Argentina, com os círculos dirigentes de toda a sua vida econômica e política.

Portugal nos mostra um exemplo de uma forma um pouco diferente de dependência financeira e diplomática, ainda que conservando a independência política. Trata-se de um Estado independente, soberano, mas na realidade há mais de 200 anos, desde a Guerra de Sucessão da Espanha (1701-1714), está sob o protetorado inglês. A Inglaterra defendeu Portugal e as possessões coloniais portuguesas para reforçar as suas próprias posições na luta contra os seus adversários: Espanha e França. A Inglaterra obteve em troca vantagens comerciais, melhores condições para a exportação de mercadorias e, sobretudo, para a exportação de capitais para Portugal e suas colônias; pôde utilizar os portos e as ilhas de Portugal, os seus cabos telegráficos[118] etc. etc.[119] Este gênero de relações sempre existiu entre grandes e pequenos Estados, mas na época do imperialismo capitalista ele se torna sistema geral, passa, como um elemento entre tantos outros, a fazer parte do conjunto de relações que regem a "partilha do mundo", passa a ser elo da cadeia de operações do capital financeiro mundial.

Para terminar, com relação à partilha do mundo, ainda devemos notar o seguinte. As publicações americanas depois da guerra hispano-americana, e as inglesas depois da guerra anglo-boer, não foram as únicas a apresentar o assunto de um modo completamente aberto e claro em fins do século XIX e princípios do século XX; as publicações alemãs, que observavam "invejosamente" o desenvolvimento do "imperialismo britânico", não foram as únicas a apreciar este fato sistematicamente. As publicações

---

[118] A primeira ligação internacional por cabo foi feita no mesmo ano, com Portugal, tendo sido concluída por meio de contrato com a empresa British Eastern Telegraph Company (N. E.).

[119] Schilder, *op. cit.*, t. I, p. 160-161.

burguesas da França também apresentaram a questão de modo suficientemente claro e amplo, na medida em que isso é possível a partir de um ponto de vista burguês. Referimo-nos ao historiador Driault, autor de *Problemas políticos e sociais de fins do século XIX*, que diz o seguinte, no capítulo sobre "As grandes potências e a partilha do mundo":

> Nestes últimos anos, todos os territórios livres do globo, com exceção da China, foram ocupados pelas potências da Europa ou pela América do Norte. Com base nisto, já se produziram alguns conflitos e deslocamentos de influência, precursores de transformações mais terríveis num futuro próximo. Pois é preciso apressar-se: as nações que ainda não se aprovisionaram correm o risco de nunca receberem a sua cota e de não tomarem parte na gigantesca exploração do globo, uma das características mais essenciais do próximo século [isto é, do século XX]. Por conta disso é que toda Europa e América se viram recentemente afligidas pela febre de expansão colonial, do 'imperialismo', que é a característica mais notável dos fins do século XIX.

E o autor acrescenta:

> Com essa partilha do mundo, com essa corrida furiosa pelas riquezas e pelos grandes mercados da Terra, a força relativa dos impérios criados neste século XIX não guarda qualquer proporção com o lugar que as nações que os criaram ocupam na Europa. As potências predominantes neste continente, árbitros dos seus destinos, *não* predominam igualmente no mundo. E como o poderio colonial, esperança de controlar riquezas ainda incalculáveis, evidentemente repercutirá na força relativa dos Estados europeus, a questão colonial – o 'imperialismo', se assim preferirmos –, que já modificou as condições políticas da própria Europa, irá modificá-las cada vez mais.[120]

---

[120] J. E. Driault, *Problèmes politiques et sociaux*, Paris, 1900, p. 299.

CAPÍTULO VII

IMPERIALISMO: ESTÁGIO PARTICULAR DO CAPITALISMO

Precisamos agora tentar fazer um balanço, resumir o que dissemos anteriormente sobre o imperialismo. O imperialismo surgiu como desenvolvimento e continuação direta das características fundamentais do capitalismo em geral. Mas o capitalismo só se transformou em imperialismo capitalista quando chegou a um determinado grau, muito elevado, do seu desenvolvimento, quando algumas de suas características fundamentais começaram a transformar-se em seu contrário, quando as características de uma época de transição do capitalismo a uma ordem econômica e social superior ganharam corpo e se revelaram em todas as esferas. O que há de fundamental neste processo, do ponto de vista econômico, é a substituição da livre concorrência capitalista pelos monopólios capitalistas. A livre concorrência é a característica fundamental do capitalismo e da produção mercantil em geral; o monopólio é precisamente o contrário da livre concorrência, mas vimos ela transformar-se diante dos nossos olhos em monopólio, criando a grande produção, eliminando a pequena, substituindo a grande por outra ainda maior, e concentrando a produção e o capital a tal ponto que do seu seio surgiu e surge o monopólio: os cartéis, os sindicatos, os trustes e, fundindo-se com eles, o capital de não mais que uma dezena de bancos que manipulam bilhões. Ao mesmo tempo, os monopólios, decorrentes da livre concorrência, não a eliminam, mas existem acima e ao lado dela, engendrando assim contradições, fricções e conflitos particularmente agudos e intensos. O monopólio é a transição do capitalismo para uma ordem superior.

Se fosse necessário definir o imperialismo da forma mais breve possível, dever-se-ia dizer que ele é o estágio monopolista do capitalismo. Essa definição compreenderia o principal, pois, por um lado, o capital financeiro é o capital bancário de alguns grandes bancos monopolistas fundido com o capital de grupos monopolistas de industriais, e, por outro, a partilha do mundo é a transição da política colonial, que se estende sem obstáculos às regiões ainda não apropriadas por nenhuma potência capitalista, para a política colonial de dominação monopolista dos territórios de um mundo já inteiramente repartido.

Mas as definições excessivamente breves, ainda que cômodas por conter o principal, são insuficientes, já que é necessário extrair delas características muito importantes do fenômeno a ser definido. Por isso, sem esquecer o caráter condicional e relativo de todas as definições em geral, que nunca podem abranger as múltiplas relações de um fenômeno na integralidade de seu desenvolvimento, convém dar uma definição do imperialismo que inclua as seguintes cinco características fundamentais: 1) a concentração da produção e do capital alcançou um grau tão elevado de desenvolvimento que criou os monopólios, os quais desempenham um papel decisivo na vida econômica; 2) a fusão do capital bancário com o capital industrial e a criação, baseada nesse "capital financeiro", da oligarquia financeira; 3) a exportação de capitais, diferentemente da exportação de mercadorias, adquire uma importância particularmente grande; 4) a formação de associações internacionais monopolistas de capitalistas, que partilham o mundo entre si; 5) conclusão da partilha territorial do mundo entre as potências capitalistas mais importantes. O imperialismo é o capitalismo no estágio de desenvolvimento em que ganhou corpo a dominação dos monopólios e do capital financeiro; em que a exportação de capitais adquiriu marcada importância; em que a partilha do mundo pelos trustes internacionais começou; em que a partilha de toda a terra entre os países capitalistas mais importantes terminou.

Veremos, mais adiante, que o imperialismo pode e deve ser definido de outro modo se tivermos em conta não só os conceitos fundamentais puramente econômicos (aos quais se limita a definição que demos), mas também o lugar histórico que este estágio do capitalismo ocupa em relação ao capitalismo em geral, ou em relação às duas tendências fundamentais do movimento operário. O que deve se notar agora é que o imperialismo, interpretado no sentido mencionado, representa, inegavelmente, um estágio particular de desenvolvimento do capitalismo. Para dar ao leitor a ideia melhor fundamentada do imperialismo, procuramos deliberadamente reproduzir o maior número de opiniões de economistas *burgueses* que se viram obrigados a reconhecer os fatos, absolutamente incontroversos, da economia capitalista moderna. Com o mesmo fim, reproduzimos dados estatísticos minuciosos que demonstram até que ponto o capital bancário cresceu etc.; qual a expressão concreta da transformação da quantidade em qualidade, da transição do capitalismo desenvolvido para o imperialismo. É desnecessário dizer, evidentemente, que na natureza e na sociedade todos os limites são convencionais e mutáveis; seria absurdo discutir, por exemplo, o ano ou a década precisos em que o imperialismo se instaurou "definitivamente".

Mas no que toca à definição do imperialismo, nos vemos obrigados a rebater sobretudo Karl Kautsky, o principal teórico marxista da época da chamada Segunda Internacional, isto é, dos 25 anos compreendidos entre 1889 e 1914. Kautsky pronunciou-se decididamente em 1915, e mesmo em novembro de 1914, contra as ideias fundamentais expressas na nossa definição do imperialismo, declarando que por imperialismo se deve entender não um "estágio" ou um grau da economia, mas uma política, e uma política determinada, a "preferida" pelo capital financeiro; que não se pode identificar o imperialismo com o capitalismo contemporâneo; que, se a noção de imperialismo abarca "todos os fenômenos do capitalismo contemporâneo" – cartéis, protecionismo, dominação dos capitalistas financeiros, política colonial –, então o problema da necessidade do imperialismo, para o capitalismo, transforma-se na "tautologia mais trivial", pois, nesse caso, "o imperialismo é, naturalmente, uma necessidade vital para o capitalismo" etc. A forma mais exata de expressarmos o pensamento de Kautsky é reproduzirmos sua própria definição do imperialismo, diametralmente oposta à essência das ideias que expusemos (pois as objeções procedentes do campo dos marxistas alemães que defenderam ideias semelhantes por muitos anos já são conhecidas desde há muito por Kautsky como objeções de uma corrente determinada do marxismo).

A definição de Kautsky é a seguinte: "O imperialismo é um produto do capitalismo industrial altamente desenvolvido. Consiste na tendência de toda nação capitalista industrial em submeter ou anexar regiões *agrárias* cada vez mais extensas [o destaque é de Kautsky], independentemente da nacionalidade de seus habitantes".[121]

Esta definição não serve para absolutamente nada, pois destaca de modo unilateral, isto é, arbitrário, apenas o problema nacional (ainda que ele seja da maior importância, tanto em si quanto em sua relação com o imperialismo), relacionando-o arbitrária e *equivocadamente só* com o capital industrial dos países que anexam outras nações e colocando em primeiro plano, da mesma forma arbitrária e equívoca, a anexação das regiões agrárias.

O imperialismo é uma tendência às anexações; a isto se reduz a parte *política* da definição de Kautsky. É correta, mas extre-

---

[121] *Die Neue Zeit*, 11 de setembro de 1914, 2 (32º ano), p. 909; ver também 1915, 2, p. 107 e ss.

mamente incompleta, pois no aspecto político o imperialismo é, em geral, uma tendência para a violência e para a reação. Mas o que nos interessa, neste caso, é o aspecto *econômico* que o *próprio* Kautsky introduziu em *sua* definição. As inexatidões de sua definição saltam à vista. O que é característico do imperialismo *não* é precisamente o capital industrial, *mas* o capital financeiro. Não é casual o fato de, precisamente na França, o desenvolvimento particularmente rápido do capital *financeiro*, coincidindo com um enfraquecimento do capital industrial, ter provocado, a partir da década de 1880, uma intensificação extrema da política anexionista (colonial). O que é característico do imperialismo é precisamente a tendência para a anexação *não só* das regiões agrárias, mas também das mais industriais (apetite dos alemães em relação à Bélgica, dos franceses quanto à Lorena), pois, em primeiro lugar, o fato de a divisão do globo já estar concluída obriga, para se fazer *uma nova partilha*, a estender a mão sobre *qualquer tipo* de território; em segundo lugar, faz parte da própria essência do imperialismo a rivalidade de várias grandes potências nas suas aspirações à hegemonia, isto é, para se apoderarem de territórios nem tanto diretamente para si, mas para enfraquecer o adversário e minar a *sua* hegemonia (para a Alemanha, a Bélgica tem uma importância especial como ponto de apoio contra a Inglaterra; assim como Bagdá é importante como ponto de apoio para a Inglaterra contra a Alemanha etc.).

Kautsky remete-se particularmente – e repetidas vezes – aos ingleses, que, diz ele, formularam a significação puramente política da palavra "imperialismo" no sentido em que ele a entende. Tomemos a obra do inglês Hobson *O imperialismo*, publicada em 1902:

> O novo imperialismo distingue-se do velho primeiro por substituir a ambição de um único império crescente pela teoria e pela prática de impérios rivais, cada um deles guiando-se por idênticas aspirações de expansão política e de lucro comercial; segundo, porque os interesses

financeiros, ou relativos ao investimento de capital, predominam sobre os interesses comerciais.[122]

Vemos que Kautsky está absolutamente equivocado em se referir aos escritores ingleses em geral (a menos que se queira se referir aos imperialistas ingleses vulgares ou aos apologistas declarados do imperialismo). Vemos que ele, ao pretender continuar defendendo o marxismo, na realidade dá um passo atrás em relação ao *social-liberal* Hobson, o qual tem em conta, *mais acertadamente* do que ele, as duas particularidades "histórico-concretas" (com a sua definição, Kautsky troça precisamente do caráter histórico concreto!) do imperialismo contemporâneo: 1) concorrência de *vários* imperialismos; 2) predomínio do capitalista financeiro sobre o comerciante. Se a questão principal reside na anexação de países agrários por países industriais, o papel central é atribuído ao comerciante.

A definição de Kautsky, além de errada e não marxista, serve de base a todo um sistema de concepções que rompe completamente com a teoria e com a prática marxista de que falaremos mais adiante. Carece inteiramente de seriedade a discussão que Kautsky promove acerca de palavras: "deve-se caracterizar o estágio atual do capitalismo como imperialismo ou como do capital financeiro?" – isto é uma completa futilidade. Chame-se-lhe como quiser, isso é indiferente. O essencial é que Kautsky separa a política do imperialismo da sua economia, falando das anexações como a política "preferida" pelo capital financeiro e opondo a ela outra política burguesa possível, segundo ele, sobre a mesma base do capital financeiro. Conclui-se, então, que os monopólios, na economia, são compatíveis com um comportamento não monopolista, não violento, não anexionista, em política. Conclui-se, então, que a partilha territorial do mundo, terminada precisamente na época do capital financeiro, e que é a base da peculiaridade das formas atuais

---

[122] Hobson, *Imperialism*, Londres, 1902, p. 324.

de rivalidade entre os maiores Estados capitalistas, é compatível com uma política não imperialista. Isto leva a se dissimularem, a se ocultarem as contradições mais fundamentais do estágio atual do capitalismo, em vez de desvelá-las em toda a sua profundidade; o resultado é o reformismo burguês em vez de marxismo.

Kautsky discute com Cunow, apologista alemão do imperialismo e das anexações, cujo raciocínio tão cínico quanto vulgar é o seguinte: o imperialismo é o capitalismo contemporâneo; o desenvolvimento do capitalismo é inevitável e progressivo; consequentemente, o imperialismo é progressivo; consequentemente, devemos nos prosternar diante do imperialismo e glorificá-lo! Este raciocínio se assemelha, de certo modo, à caricatura que os populistas faziam dos marxistas russos em 1894 e 1895: se os marxistas – diziam eles – consideram que o capitalismo é inevitável e progressivo na Rússia, eles devem se dedicar a abrir tabernas e a fomentar o capitalismo. Esta é a resposta de Kautsky a Cunow: não, o imperialismo não é o capitalismo contemporâneo, mas apenas uma das formas da sua política; podemos e devemos lutar contra essa política, lutar contra o imperialismo, contra as anexações etc.

A objeção é completamente plausível na aparência, mas equivale, na realidade, a uma defesa mais sutil, mais velada (e por isso mesmo mais perigosa), da conciliação com o imperialismo, pois uma "luta" contra a política dos trustes e dos bancos que deixe suas bases econômicas intactas não passa de reformismo e pacifismo burgueses, não vai além das boas e inofensivas intenções. Voltar as costas às contradições existentes e esquecer as mais importantes, em vez de desvelá-las em toda a sua profundidade, esta é a teoria de Kautsky, que nada tem a ver com o marxismo. E, naturalmente, o único objetivo de semelhante "teoria" é defender a unidade com os Cunow!

"De um ponto de vista puramente econômico – escreve Kautsky –, não está excluído que o capitalismo passe ainda por uma nova fase: a aplicação da política dos cartéis à política externa,

IMPERIALISMO, ESTÁGIO SUPERIOR DO CAPITALISMO

o estágio do ultraimperialismo",[123] isto é, o superimperialismo, a união dos imperialismos de todo o mundo, e não a luta entre eles, uma fase em que as guerras sob o capitalismo cessem; a fase da "exploração geral do mundo pelo capital financeiro unido internacionalmente".[124]

Teremos de nos deter, mais adiante, nesta "teoria do ultraimperialismo" com o intuito de demonstrar em detalhes como ela rompe irremediável e decididamente, aqui, com o marxismo. De acordo com o plano geral do nosso trabalho, devemos olhar rapidamente os dados econômicos exatos relativos a este problema. "De um ponto de vista puramente econômico", o "ultraimperialismo" é possível, ou é um ultradisparate?

Se, por ponto de vista puramente econômico, entende-se a "pura" abstração, tudo o que se pode dizer se reduz à seguinte tese: o desenvolvimento se dá em direção do monopólio; portanto se dá em direção do monopólio mundial único, de um único truste mundial. Isto é indiscutível, mas ao mesmo tempo é algo completamente vazio, como o seria dizer que o "desenvolvimento se dá" no sentido da produção de gêneros alimentícios em laboratórios. Neste sentido, a "teoria" do ultraimperialismo é tão absurda quanto seria a "teoria da ultra-agricultura".

Mas, se falamos das condições "puramente econômicas" da época do capital financeiro como uma época historicamente concreta, situada no início do século XX, a melhor resposta às abstrações mortas do "ultraimperialismo" (que servem exclusivamente um propósito dos mais reacionários: desviar a atenção das profundas contradições *existentes*) é contrapor-lhes a realidade econômica concreta da economia mundial moderna. As ocas divagações de Kautsky sobre o ultraimperialismo estimulam, entre outras coisas, a ideia profundamente errada, que joga água

---

[123] *Die Neue Zeit*, 1914 (32º ano), p. 921, 11 de setembro de 1914; ver também 1915, 2, p. 107 e ss.

[124] *Die Neue Zeit*, 1915, 1, p. 144, 30 de abril de 1915.

no moinho dos apologistas do imperialismo, de que a dominação do capital financeiro *atenua* a desigualdade e as contradições da economia mundial, quando, na realidade, as *acirra*.

R. Calwer, no opúsculo *Introdução à economia mundial,*[125] procurou resumir os principais dados puramente econômicos que permitem chegar a uma ideia precisa das relações internas da economia mundial na virada do século XIX para o século XX. Ele divide o mundo em cinco "regiões econômicas principais": 1) a Europa Central (toda a Europa, com exceção da Rússia e da Inglaterra); 2) a Grã-Bretanha; 3) a Rússia; 4) a Ásia oriental; 5) a America. Ele inclui as colônias nas "regiões" dos Estados a que pertencem e "deixa de lado" alguns países não partilhados nas regiões, por exemplo: a Pérsia, o Afeganistão e a Arábia, na Ásia; Marrocos e a Abissínia, na África etc.

Eis um breve resumo dos dados econômicos que ele fornece para estas regiões:

Principais regiões econômicas do mundo	Superfície (em milhões de km²)	População (em milhões de habitantes)	Meios de comunicação		Comércio	Indústria		
			Ferrovias (em milhares de km)	Marinha Mercante (em milhões de t)	Importações e Exportações (em milhões de marcos)	Hulha (em milhões de t)	Gusa (em milhões de t)	Fusos na indústria algodoeira (em milhões)
1) Europa Central	27,6 (23,6)*	388 (146)*	204	8	41	251	15	26
2) Grã-Bretanha	28,9 (28,6)*	398 (355)*	140	11	25	249	9	51
3) Rússia	22	131	63	1	3	16	3	7
4) Ásia Oriental	12	389	8	1	2	8	0,02	2
5) América	30	148	379	6	14	245	14	19

* Os números entre parênteses indicam a extensão e população das colônias.

---

[125] R. Calwer, *Einführung in die Weltwirtschaft*, Berlim, 1906.

Vemos três regiões com um capitalismo altamente desenvolvido (alto desenvolvimento das vias e meios de comunicação, do comércio e da indústria): a Europa Central, a Grã-Bretanha e a América. Entre elas, três Estados que exercem o domínio do mundo: a Alemanha, a Inglaterra e os Estados Unidos. A rivalidade imperialista e a luta entre estes Estados encontram-se extremamente acirradas em virtude de a Alemanha dispor de uma região insignificante e de poucas colônias; a criação de uma "Europa Central" é ainda coisa do futuro e está se engendrando através de uma luta desesperada. Por ora, o traço característico de toda a Europa é o fracionamento político. Nas regiões da Grã-Bretanha e da América, ao contrário, a concentração política é muito elevada, mas há uma desproporção enorme entre a imensidão das colônias da primeira e a insignificância das que a segunda possui. E, nas colônias, o capitalismo está apenas começando a se desenvolver. A luta pela América do Sul se torna cada dia mais acirrada.

Há duas regiões em que o capitalismo está debilmente desenvolvido: a Rússia e a Ásia oriental. Na primeira, a densidade populacional é extremamente baixa; na segunda, é elevadíssima. Na primeira, a concentração política é grande; na segunda não existe. A partilha da China mal começou, e a luta entre o Japão, os Estados Unidos etc. para se apoderarem dela é cada vez mais intensa.

Comparem esta realidade – a variedade gigantesca de condições econômicas e políticas, a desproporção extrema na rapidez de desenvolvimento dos diferentes países etc., a luta furiosa entre os Estados imperialistas – com a ingênua fábula de Kautsky sobre o ultraimperialismo "pacífico". Será que isto não é a tentativa reacionária de um pequeno-burguês assustado querendo esconder-se da terrível realidade? Será que os cartéis internacionais, nos quais Kautsky vê os germes do "ultraimperialismo" (do mesmo modo que a produção de comprimidos nos laboratórios "poderia" qualificar-se de embrião da ultra-agricultura), não nos mostram o exemplo da partilha *e de uma nova partilha* do mundo, a transição da partilha pacífica para a não pacífica, e vice-versa? Será que o capital financeiro americano e de outros países – que dividiram pacificamente o mundo inteiro, com a participação da Alemanha, por exemplo, no Sindicato Internacional das Ferrovias ou no truste internacional da Marinha Mercante – não *redividem* hoje em dia o mundo com base nas novas correlações de forças, que se modificam de uma maneira *nada* pacífica?

O capital financeiro e os trustes não atenuam, antes acentuam, a diferença entre o ritmo de desenvolvimento dos diversos componentes da economia mundial. E, se a correlação de forças mudou, qual outra solução para as contradições pode ser encontrada *sob o capitalismo* a não ser a da *força*? A estatística das ferrovias[126] proporciona dados extraordinariamente exatos sobre a diferença de ritmo quanto ao desenvolvimento do capitalismo e do capital financeiro em toda a economia mundial. Nas últimas décadas de desenvolvimento imperialista, a extensão das ferrovias alterou-se do seguinte modo:

EXTENSÃO DAS FERROVIAS (EM MILHARES DE KM)

	1890	1913	Aumento
Europa	224	346	122
Estados Unidos da América	268	411	143
Todas as colônias	82 ⎫ 125	210 ⎫ 347	128 ⎫ 222
Estados independentes ou semi-independentes da Ásia e América	43 ⎭	137 ⎭	94 ⎭
Total	*617*	*1.104*	

As ferrovias se desenvolveram, portanto, mais rapidamente nas colônias e nos Estados independentes (e semi-independentes) da

---

[126] Statistisches Jahrbuch für das Destsche Reich, 1915; Archiv für Eisenbahnwesen, 1892. No que se refere a 1890, foi preciso determinar aproximadamente algumas pequenas particularidades sobre a distribuição das vias férreas entre as colônias dos diferentes países.

Ásia e da América. Sabe-se que o capital financeiro dos quatro ou cinco Estados capitalistas mais importantes possuem ali o mais absoluto controle; 200 mil km de novas ferrovias nas colônias e noutros países da Ásia e América representam mais de 40 bilhões de marcos de novos investimentos de capital em condições particularmente vantajosas, com garantias especiais de rendimento, com encomendas lucrativas para as fundições de aço etc. etc.

O capitalismo cresce mais rapidamente nas colônias e nos países do ultramar. Entre eles surgem *novas* potências imperialistas (o Japão). A luta entre os imperialismos mundiais se agrava. O tributo que o capital financeiro recebe das empresas coloniais e do ultramar, particularmente lucrativas, aumenta. Na partilha deste saque, uma parte excepcionalmente grande vai para países que nem sempre ocupam os primeiros lugares no que toca ao ritmo de desenvolvimento das forças produtivas. Nas potências mais importantes, incluídas as suas colônias, a extensão das ferrovias era a seguinte:

EXTENSÃO DAS FERROVIAS (EM MILHARES DE KM)

	1890	1913	Aumento
Estados Unidos	268	41	145
Império Britânico	107	208	101
Rússia	32	78	46
Alemanha	43	68	25
França	41	63	22
Total para as cinco potências	*491*	*830*	*339*

Portanto, cerca de 80% de todas as ferrovias estão concentradas nas mãos das cinco potências mais importantes. Mas a concentração da *propriedade* destas ferrovias, a concentração do capital financeiro, é ainda incomparavelmente maior, pois os milionários ingleses e franceses, por exemplo, são donos de uma enorme quantidade de ações e obrigações das ferrovias americanas, russas e de outros países.

Graças às suas colônias, a Inglaterra aumentou a "sua" rede ferroviária em 100 mil km, quatro vezes mais do que a Alemanha. Contudo, é amplamente conhecido que o desenvolvimento das forças produtivas da Alemanha neste mesmo período e, sobretudo, o desenvolvimento da produção hulheira e siderúrgica foram incomparavelmente mais rápidos do que na Inglaterra, isso sem falar na França e na Rússia. Em 1892, a Alemanha produziu 4,9 milhões de toneladas de ferro gusa, contra 6,8 milhões da Inglaterra; em 1912, produziu-se 17,6 milhões de toneladas contra 9 milhões de toneladas respectivamente, o que representa uma superioridade gigantesca da Alemanha sobre a Inglaterra![127] A questão que se coloca é a seguinte: *sob o capitalismo*, quais outros meios que não a guerra para se eliminar a desproporção existente entre o desenvolvimento das forças produtivas e a acumulação de capital, por um lado, e, por outro, a partilha das colônias e das esferas de influência do capital financeiro?

---

[127] Compare-se também com Edgar Crammond, "The economic relations of the British and German Empires", *in: Journal of the Royal Statistical Society*, julho de 1914, p. 777 e ss.

CAPÍTULO VIII

O PARASITISMO E A DECOMPOSIÇÃO DO CAPITALISMO

Convém, agora, nos determos noutro aspecto muito importante do imperialismo, ao qual a maioria das considerações sobre este tema não dispensa a devida atenção. Um dos defeitos do marxista Hilferding consiste em ter dado, neste campo, um passo atrás em relação ao não marxista Hobson. Referimo-nos ao parasitismo próprio do imperialismo.

Como vimos, a base econômica mais profunda do imperialismo é o monopólio. Trata-se do monopólio capitalista, isto é, que nasceu do capitalismo; ele se encontra, no ambiente geral do capitalismo, da produção mercantil, da concorrência, numa contradição constante e insolúvel com esse ambiente geral. Não obstante, como todo monopólio, ele gera inevitavelmente uma tendência para a estagnação e para a decomposição. Na medida em que se fixam preços monopolistas, ainda que temporariamente, desaparecem até certo ponto as causas estimulantes do progresso técnico e, por conseguinte, de todo o progresso, de todo o avanço; com isso surge também a possibilidade *econômica* de conter artificialmente o progresso técnico. Por exemplo, nos Estados Unidos, um certo Owens inventou uma máquina que revolucionou a produção de garrafas. O cartel alemão de fabricantes de garrafas comprou-lhe as patentes e guardou-as a sete chaves, retardando a sua aplicação. Naturalmente, o monopólio sob o capitalismo não pode nunca eliminar, completamente e por um período muito prolongado, a concorrência do mercado mundial (esta é, diga-se de passagem, uma das razões pelas quais a teoria do ultraimperialismo é um absurdo). Naturalmente, a possibilidade de diminuir os custos de produção e aumentar os lucros, implantando aperfeiçoamentos técnicos, age em favor das modificações. Mas a *tendência* para a estagnação e para a decomposição, inerente ao monopólio, continua por sua vez a operar, e há períodos em que consegue se impor em certos ramos da indústria e em certos países.

O monopólio da posse de colônias particularmente vastas, ricas ou favoravelmente situadas atua no mesmo sentido.

Continuemos. O imperialismo é uma enorme acumulação de um capital-dinheiro num pequeno número de países que, como vimos, atinge a soma de 100 a 150 bilhões de francos em títulos. Daí o crescimento extraordinário da classe ou, melhor dizendo, da camada dos rentistas, ou seja, de indivíduos que vivem do "corte de cupom"[128], que não participam de nenhuma empresa e cuja profissão é a ociosidade. A exportação de capitais, uma das bases econômicas mais essenciais do imperialismo, acentua ainda mais o isolamento completo da camada dos *rentistas* da produção e imprime uma marca de parasitismo a todo país que vive da exploração do trabalho de alguns países e colônias do ultramar.

"Em 1893 – diz Hobson –, o capital britânico investido no estrangeiro representava cerca de 15% de toda a riqueza do Reino Unido."[129] Recordemos que, até 1915, esse capital tinha aumentado aproximadamente duas vezes e meia. Hobson acrescenta mais adiante:

> O imperialismo agressivo, que custa tão caro aos contribuintes e que representa tão pouco para o industrial e para o comerciante (...) é fonte de grandes lucros para o capitalista [em inglês, esta noção exprime-se numa

---

[128] Cf. nota 15 *supra* (N. E.).
[129] Hobson, *op. cit.*, p. 59 e 62.

só palavra: *investor*] (...). O rendimento anual da Grã-Bretanha proveniente de todo o seu comércio exterior e colonial, importação e exportação, é estimado pelo sr. R. Giffen em 18 milhões de libras esterlinas [aproximadamente 170 milhões de rublos] em 1889, à razão de 2,5% sobre uma movimentação de 800 milhões de libras esterlinas.

Por maior que seja esta soma, ela não é suficiente para explicar o imperialismo agressivo da Grã-Bretanha. Ele pode ser explicado pela soma de 90 ou 100 milhões de libras esterlinas que representam o rendimento do capital "investido", o rendimento da camada dos rentistas.

O rendimento dos rentistas é *cinco vezes maior* que o do comércio externo do país mais "comercial" do mundo! Eis a essência do imperialismo e do parasitismo imperialista!

Por isso, a noção de "Estado rentista" (*Rentnerstaat*), ou Estado usurário, está se tornando de uso corrente na literatura econômica sobre o imperialismo. O mundo ficou dividido num punhado de Estados usurários e numa maioria gigantesca de Estados devedores. Escreve Schulze-Gaevernitz:

> Entre os investimentos de capital no estrangeiro estão em primeiro lugar aqueles realizados em países politicamente dependentes ou aliados: a Inglaterra faz empréstimos ao Egito, ao Japão, à China e à América do Sul. Caso necessário, a sua esquadra desempenha as funções de gendarme. A força política da Inglaterra a protege da indignação dos seus devedores.[130]

Sartorius von Waltershausen, no seu livro *O sistema econômico de investimentos de capital no estrangeiro*, apresenta a Holanda como modelo de "Estado rentista" e indica que a Inglaterra e a França também vão tomando esse caráter.[131] Na opinião de Schilder, existem cinco Estados industriais que são "países credores bem definidos": Inglaterra, França, Alemanha, Bélgica e Suíça. Se não inclui a Holanda nesse grupo é unicamente por ser "pouco

---

[130] Schulze-Gaevernitz, *Britischer Imperialismus*, p. 320 e ss.

[131] Sartorius von Waltshausen, *Das Volkswirtschaftliche System* etc., Berlim, 1907, t. IV.

IMPERIALISMO, ESTÁGIO SUPERIOR DO CAPITALISMO

desenvolvida industrialmente".[132] Os Estados Unidos são credores apenas em relação à América.

A Inglaterra – diz Schulze-Gaevernitz – converte-se paulatinamente de Estado industrial em Estado credor. Apesar do aumento absoluto da produção e da exportação industriais, cresce a importância relativa para toda a economia nacional das receitas procedentes dos juros e dividendos, das emissões, das comissões e da especulação. Em minha opinião, é precisamente isto que constitui a base econômica do auge imperialista. O credor está mais solidamente ligado ao devedor do que o vendedor ao comprador.[133]

Em relação à Alemanha, A. Lansburgh, editor da revista berlinense *Die Bank*, escrevia o seguinte, em 1911, no artigo "Alemanha, Estado rentista": "Na Alemanha, as pessoas zombam da tendência de os franceses se tornarem rentistas. Mas se esquecem de que, no que se refere à burguesia, as condições da Alemanha são cada vez mais parecidas com as da França".[134]

O Estado rentista é o Estado do capitalismo parasitário e em decomposição, e esta circunstância não pode deixar de influenciar todas as condições políticas e sociais dos países mencionados, em geral, e as duas principais tendências do movimento operário, em particular. Para demonstrá-lo da maneira mais clara possível, damos a palavra a Hobson, a testemunha mais "confiável", já que não pode ser suspeito da parcialidade da "ortodoxia marxista"; e, por outro lado, sendo inglês, conhece bem a situação do país mais rico em colônias, em capital financeiro e em experiência imperialista.

Sob a impressão ainda viva da guerra anglo-boer, Hobson descrevia o conluio do imperialismo com os interesses dos capitalistas financeiros, o aumento dos lucros resultantes dos contratos, dos fornecimentos etc., e dizia:

---

[132] Schilder, *op. cit.*, p. 393.
[133] Schulze-Gaevernitz, *Britischer Imperialismus*, p. 122.
[134] *Die Bank*, 1911, 1, p. 10 e 11.

Os orientadores desta política nitidamente parasitária são os capitalistas; mas os mesmos motivos agem também sobre categorias especiais de operários. Em muitas cidades, os ramos mais importantes da indústria dependem de encomendas e contratos do governo; o imperialismo dos centros da indústria metalúrgica e da construção naval depende em grande parte deste fato.

Na opinião do autor, circunstâncias de duas ordens reduziram a força dos velhos impérios: 1) o "parasitismo econômico" e 2) a formação de exércitos com soldados dos povos dependentes. "Há, primeiro, o costume do parasitismo econômico, pelo qual o Estado dominante utiliza as suas províncias e colônias e seus países dependentes para enriquecer a sua classe dominante e para subornar as classes inferiores a fim de conseguir o seu consentimento". Para este suborno se tornar economicamente possível, seja qual for sua forma, são necessários – acrescentaremos por nossa conta – elevados lucros monopolistas.

No que se refere à segunda circunstância, Hobson diz:

Um dos sintomas mais estranhos da cegueira do imperialismo é a imprudente indiferença com a qual Grã-Bretanha, França e outras nações imperialistas embarcam nesta arriscada dependência. A Grã-Bretanha foi mais longe do que ninguém. A maior parte das batalhas pelas quais conquistamos nosso Império Indiano foi travada por tropas nativas; na Índia, assim como recentemente no Egito, grandes exércitos permanentes encontram-se sob o comando de britânicos; quase todas as batalhas relacionadas às nossas conquistas na África, com exceção da parte Sul, foram feitas para nós pelos nativos.

A perspectiva da partilha da China suscita em Hobson a seguinte apreciação econômica:

A maior parte da Europa ocidental poderia, então, adquirir a aparência e o caráter já exposto por regiões rurais no Sul da Inglaterra, na Riviera e em partes turísticas ou residenciais da Itália e da Suíça; punhados de ricos aristocratas recebendo dividendos e pensões do Extremo Oriente, com um grupo um pouco maior de criados profissionais e comerciantes, e um corpo maior de criados pessoais e operários ocupados no transporte e na indústria voltada para o acabamento de artigos manufaturados. Todos os principais ramos industriais teriam desaparecido, os alimentos básicos e produtos manufaturados afluiriam, como imposto, da Ásia e da África (...).

Nós prenunciamos a possibilidade de uma aliança dos Estados ocidentais ainda maior, uma federação europeia de grandes potências que, longe de promover a causa da civilização mundial, pode introduzir o gigantesco perigo do parasitismo ocidental; um grupo de nações industrialmente avançadas, cujas classes superiores recebem altos tributos da Ásia e da África, com os quais sustentaram grandes massas de criados não mais envolvidas na indústria básica da agricultura e da manufatura, mas que se ocuparam em serviços industriais menores ou serviços pessoais sob o controle da nova aristocracia financeira. Deixemos aqueles que menosprezam tal teoria (seria melhor dizer: perspectiva) analisar, hoje, a condição econômica e social de distritos no Sul da Inglaterra que já estão reduzidos a isto e refletir sobre a vasta extensão de tal sistema, que poderia ser considerado factível com a submissão da China ao controle econômico de similares grupos de capitalistas financeiros, investidores, agentes políticos e de negócios, drenando a maior reserva potencial de lucro que o mundo já conheceu para ser consumido na Europa. A situação é ainda muito complexa, e o jogo das forças mundiais ainda é incalculável para possibilitar qualquer provável interpretação do futuro; mas as influências que governam o imperialismo da Europa ocidental, hoje, estão se movendo nesta direção e, caso não sejam contrarrestadas ou desviadas, culminarão nesta forma.[135]

O autor tem toda a razão: *se* as forças do imperialismo não encontrassem resistência, conduziriam precisamente a este resultado. O significado dos "Estados Unidos da Europa", na situação atual, imperialista, foi corretamente caracterizada. Conviria apenas acrescentar que, também no interior do movimento operário, os oportunistas, momentaneamente vencedores na maioria dos países, "trabalham" de uma maneira firme e sistemática nesta

---

[135] Hobson, *op. cit.*, p. 103, 144, 205, 335 e 386.

direção. O imperialismo – a partilha do mundo e a exploração de outros países que não apenas a China, que implica lucros monopolistas elevados para um punhado de países muito ricos – gera a possibilidade econômica de subornar as camadas superiores do proletariado e, assim, alimenta, dá corpo e reforça o oportunismo. Não se deve esquecer, contudo, das forças que se opõem ao imperialismo em geral e ao oportunismo em particular, e que, naturalmente, o social-liberal Hobson não pode ver.

O oportunista alemão Gerhard Hildebrand, há tempos expulso do partido por defender o imperialismo, e que atualmente poderia ser chefe do chamado Partido "Social-Democrata" da Alemanha, completa muito bem Hobson ao preconizar os "Estados Unidos da Europa Ocidental" (sem a Rússia) para empreender ações "comuns"... contra os negros africanos e contra o "grande movimento islamita", para manter "um exército e uma esquadra poderosos" contra a "coalizão sino-japonesa"[136] etc.

A descrição que Schulze-Gaevernitz faz do "imperialismo britânico" nos mostra os mesmos traços de parasitismo. O rendimento nacional da Inglaterra praticamente dobrou entre 1865 e 1898, enquanto as receitas provenientes "do estrangeiro" nesse mesmo período aumentaram *nove vezes*. Se o "mérito" do imperialismo consiste em "educar o negro para o trabalho" (o que não é possível sem a coerção...), o seu "perigo" consiste em que a "Europa descarregue o trabalho físico – a princípio agrícola e mineiro, depois o trabalho industrial mais rude – sobre os "homens de cor" e reserve para si o papel de rentista, preparando talvez, desse modo, a emancipação econômica, e depois política, das raças negra e vermelha".

Na Inglaterra, uma quantidade de terras cada vez maior é retirada da agricultura para ser utilizada para esportes, para a

---

[136] Gerhrard Hildebrand, *Die Erschütterung der Industrieherrschaft und des Industriesozialismus*, 1910, p. 229 e ss.

diversão dos ricos. No que se refere à Escócia – o lugar mais aristocrático para a caça e outros esportes –, diz-se que "vive de seu passado e de mister Carnegie" (um multimilionário norte-americano). Só nas corridas de cavalos e na caça às raposas, a Inglaterra gasta anualmente 14 milhões de libras esterlinas (aproximadamente 130 milhões de rublos). O número de rentistas neste país aproxima-se de 1 milhão. A porcentagem da população produtora diminui:

Anos	População da Inglaterra (em milhões)	Número de operários das principais indústrias (em milhões)	% em relação à população
1851	17,9	4,1	23
1901	32,5	4,9	15

Ao falar da classe operária inglesa, o pesquisador burguês do "imperialismo britânico de princípios do século XX" se vê obrigado a estabelecer sistematicamente uma diferença entre as *"camadas superiores"* dos operários e a *"camada inferior proletária propriamente dita"*. A camada superior constitui a massa dos membros das cooperativas e dos sindicatos, das sociedades desportivas e das numerosas seitas religiosas. É a este nível que está adaptado o direito de voto, que, na Inglaterra, "ainda é *limitado o suficiente para excluir a camada inferior proletária propriamente dita*"! Para se apresentar de maneira favorável a situação da classe operária inglesa, fala-se em geral só dessa camada superior, que constitui a *minoria* do proletariado: por exemplo, "o problema do desemprego é algo que afeta principalmente Londres e a camada proletária inferior, da qual os políticos fazem pouco caso."[137] Ele deveria ter dito: da qual os politiqueiros burgueses e os oportunistas "socialistas" fazem pouco caso.

---

[137] Schulze-Gaevernitz, *Britischer Imperialismus*, p. 301.

Entre as particularidades do imperialismo relacionadas aos fenômenos que descrevemos, deve-se mencionar a redução da emigração dos países imperialistas e o aumento da imigração, para estes últimos, de operários provenientes de países mais atrasados, onde os salários são menores. A emigração da Inglaterra, observa Hobson, diminui a partir de 1884: neste ano, o número de emigrantes foi de 242 mil, e, em 1900, de 169 mil. A emigração da Alemanha atingiu seu máximo entre 1881 e 1890: de 1,453 milhão, diminuiu, nas duas décadas seguintes, para 544 e 341 mil, respectivamente. Em contrapartida, aumentou o número de operários que ingressaram na Alemanha da Áustria, da Itália, da Rússia e de outros países. Segundo o censo de 1907, havia 1.342.294 estrangeiros na Alemanha, dos quais 440.800 eram operários industriais e 257.329, trabalhadores agrícolas.[138] Na França, os mineiros são "em grande parte" estrangeiros: polacos, italianos, espanhóis.[139] Nos Estados Unidos, os imigrados da Europa oriental e meridional ocupam os postos com pior remuneração, enquanto os operários norte-americanos fornecem a maior porcentagem de capatazes e de trabalhadores executando um trabalho melhor remunerado.[140] O imperialismo tende a formar camadas privilegiadas também entre os operários, a fim de separá-las das grandes massas do proletariado.

É preciso notar que, na Inglaterra, a tendência do imperialismo em dividir os operários, em acentuar o oportunismo entre eles, em provocar uma decomposição temporária do movimento operário, se manifestou muito antes do fim do século XIX e princípio do século XX. Desde meados do século passado [XIX], observou-se, na Inglaterra, dois importantes traços distintivos do imperialismo: imensas possessões coloniais e monopólio do mercado mundial.

---

[138] *Istatistik des Deutschen Reichs*, vol. 211.

[139] Henger, *Die Kapitalsanlage der Franzosen*, Suttgart, 1913.

[140] Hourwich, *Immigration and labor*, Nova York, 1913.

Marx e Engels estudaram sistematicamente, durante décadas, essa relação entre o oportunismo no movimento operário e as particularidades imperialistas do capitalismo inglês. Engels escrevia, por exemplo, a Marx, em 7 de outubro de 1858:

> O proletariado inglês se aburguesa de fato cada vez mais; pelo que se vê, esta nação, a mais burguesa de todas, aspira ter, no fim de contas, *ao lado* da burguesia, uma aristocracia burguesa e um proletariado burguês. Naturalmente, por parte de uma nação que explora o mundo inteiro, isto é, até certo ponto, lógico.

Quase um quarto de século depois, em uma carta de 11 de agosto de 1881, Engels fala das "piores *trade-unions* inglesas que permitem que gente vendida à burguesia, ou, pelo menos, paga por ela, as dirija". E, em 12 de setembro de 1882, numa carta a Kautsky, Engels escrevia:

> Você me pergunta o que os operários ingleses pensam sobre a política colonial. Ora, justamente o mesmo que pensam da política em geral. Aqui não há um partido operário, há apenas conservadores e liberais-radicais, e os operários aproveitam-se, juntamente com eles, com a maior tranquilidade do mundo, do monopólio colonial da Inglaterra e do seu monopólio no mercado mundial[141] [Engels expõe a mesma ideia no prefácio à segunda edição de *A situação da classe trabalhadora na Inglaterra*, 1892].

Aqui estão, claramente indicadas, as causas e as consequências. Causas: 1) exploração do mundo inteiro por este país; 2) seu monopólio no mercado mundial; 3) o seu monopólio colonial. Consequências: 1) aburguesamento de uma parte do proletariado inglês; 2) uma parte desse proletariado se deixa dirigir por pessoas compradas pela burguesia ou, pelo menos, pagas por ela. O imperialismo do início do século XX completou a partilha do mundo entre um punhado de Estados, cada um dos quais explora atualmente (no sentido de obter de superlucros) uma parte do "mundo

---

[141] *Briefwechsel von Marx und engels*, v. II, p. 290; IV, p. 453; K. Kautsky, *Sozialismus und Kolonialpolitik*, Berlin, 1907, p. 79. Esse opúsculo foi escrito nos tempos, já tão remotos, em que Kautsky era marxista.

V. I. LENIN

inteiro" somente um pouco menor do que aquela que a Inglaterra explorava em 1858; cada um deles ocupa uma posição monopolista no mercado mundial graças aos trustes, aos cartéis, ao capital financeiro, às relações de credor e devedor; cada um deles dispõe, até certo ponto, de um monopólio colonial (segundo vimos, de 75 milhões de km^2 quadrados de *todas* as colônias do mundo; *65 milhões*, isto é 86%, concentrados nas mãos de seis potências; *61 milhões*, isto é, 81%, concentrados nas mãos de três potências).

O traço distintivo da situação atual é a existência de condições econômicas e políticas que não podiam deixar de tornar o oportunismo ainda mais incompatível com os interesses gerais e vitais do movimento operário: de embrionário, o imperialismo se tornou o sistema dominante; os monopólios capitalistas passaram para o primeiro plano na economia nacional e na política; a partilha do mundo se completou; por outro lado, em vez do monopólio indiviso da Inglaterra, vemos a luta de um pequeno número de potências imperialistas para participar nesse monopólio, luta que caracteriza todo o começo do século XX. O oportunismo não pode ser agora completamente vitorioso no movimento operário de um país, durante décadas, como aconteceu na Inglaterra na segunda metade do século XIX. Mas, em alguns países, atingiu a sua plena maturidade, passou esse estágio e decompôs-se, fundindo-se completamente, sob a forma do social-chauvinismo, com a política burguesa.[142]

---

[142] O social-chauvinismo russo de Potressov, Tchkhenkéli, Maslov etc., tanto na sua forma declarada quanto na forma encoberta (Tchkheidze, Skobelev, Axelrod, Martov etc.), também nasceu do oportunismo, na sua variedade russa: a tendência liquidacionista. A tendência liquidacionista, oportunista de extrema-direita, surgiu entre os mencheviques (1908-1912) no POSDR, após a derrota da primeira revolução russa (1905-1907). Os liquidacionistas de direita rejeitavam o programa e a tática do partido marxista, queriam liquidar o partido revolucionário do proletariado e fundar um outro, reformista, assim como adaptar a sua atividade ao contexto do regime tsarista, o que significaria, de fato, tentar de novo suprimir o partido do proletariado (N. E.).

CAPÍTULO IX

CRÍTICA DO IMPERIALISMO

Entendemos a crítica do imperialismo, no sentido amplo da palavra, como a atitude das diferentes classes da sociedade perante a política do imperialismo, de acordo com a ideologia geral de cada uma delas.

Por um lado, as proporções gigantescas do capital financeiro, concentrado em poucas mãos, criando uma rede extraordinariamente vasta e densa de relações e vínculos por meio da qual subordinou ao seu poder não só a massa dos médios e pequenos, mas também dos menores capitalistas e pequenos patrões e, por outro, o acirramento da luta contra outros grupos nacionais do capital financeiro pela partilha do mundo e pela dominação sobre outros países; tudo isto fez com que todas as classes possuidoras passassem em bloco para o lado do imperialismo. Entusiasmo "geral" pelas perspectivas do imperialismo, a sua defesa furiosa, o seu embelezamento por todos os meios – estes são os sinais de nosso tempo. A ideologia imperialista também penetra no seio da classe operária, que não está separada das outras classes por uma muralha da China. Se os chefes do atual partido dito "social-democrata" da Alemanha foram justamente qualificados de "social-imperialistas", isto é, de socialistas de palavra e imperialistas de fato, é importante dizer que, já em 1902, Hobson assinalava a existência de "imperialistas fabianos" na Inglaterra, pertencentes à oportunista "Sociedade Fabiana".[143]

---

[143] Sociedade Fabiana ("Fabian Society"): organização reformista inglesa oposta à federação social-democrata marxista. Fundada em 1884 por um grupo de intelectuais burgueses que pretendiam a propaganda pacífica do socialismo, evoca o nome do caudilho roma-

Os cientistas e os publicistas burgueses geralmente defendem o imperialismo de uma forma um tanto quanto velada; eles dissimulam a dominação absoluta do imperialismo e suas raízes profundas, procuram pôr em primeiro plano as particularidades e os pormenores secundários, além de se esforçar para desviar a atenção do essencial por meio de projetos de "reformas" completamente inócuas, tais como o controle policial dos trustes ou dos bancos etc. São cada vez mais raras as manifestações dos imperialistas cínicos, declarados suficientemente corajosos para reconhecer como é absurdo querer reformar as características fundamentais do imperialismo.

Eis um exemplo. Os imperialistas alemães esforçam-se para seguir de perto, através dos *Arquivos da economia mundial,* os movimentos de libertação nacional das colônias, sobretudo, é claro, das não alemãs. Assinalam a efervescência e os protestos na Índia, o movimento em Natal (África do Sul), na Índia Holandesa etc. Um deles, em uma nota a propósito de uma publicação inglesa que informava sobre a conferência de nações e raças subjugadas que se realizou de 28 a 30 de junho de 1910, e na qual participaram representantes de diversos povos da Ásia, África e Europa que se encontram sob dominação estrangeira, se expressa dessa maneira ao comentar os discursos ali proferidos:

> Dizem que há que lutar contra o imperialismo: que os Estados dominantes devem reconhecer o direito à independência aos povos submetidos; que

no Fábio Máximo (séc. III a.C.), chamado *Cunctator* (o "Contemporizador"), por sua tática expectante nos combates contra Aníbal. Pela ação política e a luta parlamentar, os fabianos exigiam uma revisão democrática da Constituição britânica, mas negavam a necessidade da luta de classes do proletariado e da revolução socialista, afirmando que a passagem do capitalismo ao socialismo é possível mediante pequenas reformas e transformações graduais da sociedade. Em 1900, os fabianos ingressaram no Partido Trabalhista. Acerca deles, ver as opiniões de Lenin no Prefácio à edição russa do livro *Cartas de J. Bekker, I. Ditzgen, F. Engels, K. Marx etc. a F. Sorge e a outras pessoas (Oeuvres,* t. 12, Paris-Moscou, p. 370-372); "O programa agrário da social-democracia na Revolução Russa" *(Oeuvres,* t. 15, Paris-Moscou, p. 189); "O pacifismo inglês e a aversão inglesa à teoria" *(Oeuvres,* t. 21, Paris-Moscou, p. 267) etc. (N. E.).

um tribunal internacional deve supervisionar o cumprimento dos tratados acordados entre as grandes potências e os povos fracos. A conferência não vai além destes votos piedosos. Não vemos o menor indício de compreensão do fato de que o imperialismo está indissoluvelmente ligado ao capitalismo na sua forma atual e que por isso (!!) a luta direta contra o imperialismo está condenada ao fracasso, a não ser que se limite a combater alguns excessos particularmente odiosos.[144]

Como o redimensionamento reformista do imperialismo é um engano, um voto piedoso, como os elementos burgueses das nações oprimidas não "avançam" adiante, o representante burguês da nação opressora "avança" *para trás*, em direção a uma adulação servil do imperialismo, que ele mascara sob pretensões "científicas". Bela "lógica", como se vê!

É possível modificar por meio de reformas as bases do imperialismo? Deve-se avançar para acentuar e aprofundar ainda mais as contradições que ele engendra, ou deve-se retroceder para atenuá-las? Estas são as questões fundamentais na crítica do imperialismo. Como as particularidades políticas do imperialismo são a reação em todos os lugares e a intensificação da opressão nacional – consequência da opressão da oligarquia financeira e da supressão da livre concorrência –, uma oposição democrática pequeno-burguesa ao imperialismo aparece em quase todos os países imperialistas em princípios do século XX. A ruptura de Kautsky e da vasta corrente internacional do kautskismo com o marxismo consiste precisamente em que Kautsky não só não se preocupou em se opor, não só foi incapaz de enfrentar essa oposição pequeno-burguesa reformista, fundamentalmente reacionária em sua base econômica, mas praticamente se fundiu com ela.

Nos Estados Unidos, a guerra imperialista de 1898 contra a Espanha suscitou a oposição dos "anti-imperialistas", os últimos moicanos da democracia burguesa, que qualificavam essa guerra

---

[144] *Weltwirtschaftliches Archiv*, v. II, p. 193.

IMPERIALISMO, ESTÁGIO SUPERIOR DO CAPITALISMO

como "criminosa", consideravam anticonstitucional a anexação de territórios estrangeiros, denunciavam como "uma deslealdade dos chauvinistas" a atitude para com Aguinaldo, o chefe dos indígenas filipinos (os Americanos lhes prometeram a independência de seu país, mas em seguida desembarcaram aí suas tropas e anexaram as Filipinas), e citavam as palavras de Lincoln: "Quando o branco se governa a si mesmo, isto é autogoverno; quando se governa a si mesmo e, ao mesmo tempo, governa outros, isto já não é autogoverno, é despotismo".[145] Mas, enquanto toda essa crítica tinha medo de reconhecer os vínculos indissolúveis existentes entre o imperialismo e os trustes e, por conseguinte, entre o imperialismo e os fundamentos do capitalismo, enquanto ela receava unir-se às forças geradas pelo grande capitalismo e pelo seu desenvolvimento, ela permanecia como um "voto piedoso".

Esta é também a posição fundamental de Hobson na sua crítica ao imperialismo. Ele antecipou-se a Kautsky ao se insurgir contra a "inevitabilidade do imperialismo" e ao invocar a necessidade de "elevar a capacidade de consumo" da população (sob o regime capitalista!). Este é o ponto de vista pequeno-burguês na crítica do imperialismo, da onipotência dos bancos, da oligarquia financeira etc., adotado por autores que citamos várias vezes, como Agahd, A. Lansburgh e L. Eschwege, e, entre os escritores franceses, Victor Bérard, autor de uma obra superficial, que apareceu em 1900, intitulada *A Inglaterra e o imperialismo*. Todos eles, sem qualquer pretensão de passarem por marxistas, opõem ao imperialismo a livre concorrência e a democracia, condenam o projeto da ferrovia de Bagdá, que conduz a conflitos e à guerra, manifestam "votos piedosos" de paz etc.; isso também se aplica a A. Neymarck, cuja especialidade é a estatística das emissões internacionais, que, calculando as centenas de bilhões de francos de valores "internacionais", exclamava em 1912: "Como é possível

---

[145] J. Patouillet, *L'impérialisme américain*, Dijon, 1904, p. 272.

supor que a paz possa ser posta em risco (...) que alguém, frente a números tão consideráveis, se arriscaria a provocar a guerra?"[146]

Tal ingenuidade, da parte dos economistas burgueses, não é algo surpreendente; além disso, *é do seu interesse* fingirem ser tão ingênuos e falarem com "seriedade" de paz sob o imperialismo. Mas o que resta do marxismo de Kautsky quando, em 1914, 1915 e 1916, ele adota o mesmo ponto de vista que os reformistas burgueses e afirma que "todos estão de acordo" (imperialistas, pseudossocialistas e social-pacifistas) no que toca à paz? Em vez de analisar e desvelar as profundas contradições do imperialismo, ele assume o "voto piedoso", reformista, de evitá-las, de ignorá-las.

Eis aqui uma pequena amostra da crítica econômica que Kautsky faz do imperialismo. Ele toma os dados sobre o movimento de exportação e importação entre a Inglaterra e o Egito em 1872 e em 1912; consta que esse movimento aumentou menos que o total da exportação e importação da Inglaterra. E Kautsky conclui: "Não há qualquer razão para se supor que, sem a ocupação militar do Egito, o crescimento de seu comércio com a Inglaterra teria sido menor, simplesmente como resultado de uma mera operação econômica". "A melhor maneira de o capital realizar a sua tendência para a expansão (...) não é por meio dos métodos violentos do imperialismo, mas pela democracia pacífica".[147]

Este raciocínio de Kautsky, repetido em todos os tons pelo seu escudeiro russo (e defensor russo dos social-chauvinistas) sr. Spectator, é a base da crítica kautskista do imperialismo, e por isso devemos nos deter nele mais detalhadamente. Comecemos por citar Hilferding, cujas conclusões Kautsky declarou muitas vezes, notadamente em abril de 1915, serem "unanimemente adotadas por todos os teóricos socialistas". Diz Hilferding:

---

[146] *Bulletin de l'Institut International de Statistique*, t. XIX, l. II, p. 225.

[147] Kautsky, *Nationalstaat, imperialistischer Staat und Staatenbund*, Nuremberg, 1915, p. 70 e 72.

Não compete ao proletariado opor à política capitalista mais avançada a política passada da época do livre-comércio e da hostilidade para com o Estado. A resposta do proletariado à política econômica do capital financeiro, ao imperialismo, não pode ser o livre-comércio, mas apenas o socialismo. O objetivo da política proletária hoje não pode ser o restabelecimento da livre concorrência – que se tornou atualmente um ideal reacionário –, mas unicamente a supressão completa da concorrência mediante a supressão do capitalismo.[148]

Kautsky rompeu com o marxismo ao defender, na época do capital financeiro, um "ideal reacionário", a "democracia pacífica", o "simples peso dos fatores econômicos", pois este retrocede *objetivamente* do capitalismo monopolista para o capitalismo não monopolista e é uma mistificação.

O comércio com o Egito (ou com qualquer outra colônia ou semicolônia) "teria crescido" mais *sem* a ocupação militar, sem o imperialismo, sem o capital financeiro. O que isto significa? Que o capitalismo se desenvolveria mais rapidamente se a livre concorrência não tivesse sido limitada nem pelos monopólios em geral, nem pelas "relações" ou pelo jugo (isto também é monopólio) do capital financeiro e nem pela posse monopolista das colônias por alguns países?

Os raciocínios de Kautsky não podem ter outro sentido; e *este* "sentido" é um sem sentido. Admitamos que sim, que a livre concorrência, sem monopólios de qualquer espécie, *poderia* desenvolver o capitalismo e o comércio mais rapidamente. Mas, quanto mais rápido é o desenvolvimento do comércio e do capitalismo, mais intensa é a concentração da produção e do capital que *engendra* o monopólio. E os monopólios *já* nasceram, precisamente, *da* livre concorrência! Mesmo se os monopólios atualmente refrearam o seu desenvolvimento, isto não é, apesar de tudo, um argumento a favor da livre concorrência, que se tornou impossível depois de ter engendrado os monopólios.

---

[148] Hilferding, *O capital financeiro*, p. 567 [cf. ed. bras. cit., p. 343 (N. E.)].

Por mais que se revirem os raciocínios de Kautsky, não se encontrará neles nada além de reacionarismo e reformismo burguês.

Mesmo se corrigirmos este raciocínio e dissermos, como o faz Spectator, que o comércio das colônias inglesas com a metrópole se desenvolve, na atualidade, mais lentamente do que com outros países, nem isto salva Kautsky; pois o que cria dificuldades para a Inglaterra *também* é o monopólio, *também* é o imperialismo, mas de outros países (os Estados Unidos, a Alemanha). Sabe-se que os cartéis provocaram a criação de tarifas protecionistas que deram origem a um tipo novo e original de barreiras alfandegárias protecionistas: protegem-se (como já notara Engels no tomo III de *O capital*)[149] precisamente os produtos suscetíveis de serem exportados. Sabe-se também que os cartéis e o capital financeiro possuem um sistema próprio, o de "exportação a preço vil" ou *dumping*, como dizem os ingleses: dentro do país, o cartel vende os seus produtos a um preço alto, fixado pelo monopólio, mas no estrangeiro coloca-os a um preço baixíssimo, com o objetivo de arruinar o concorrente, ampliar a sua própria produção ao máximo etc. Se a Alemanha desenvolve o seu comércio com as colônias inglesas mais rapidamente do que a própria Inglaterra, isso demonstra apenas que o imperialismo alemão é mais jovem, mais forte, melhor organizado do que o inglês, que é superior a este; mas isso não demonstra, de forma alguma, a "supremacia" do livre-comércio, pois a luta não é do livre-comércio contra o protecionismo e contra a dependência colonial, mas sim entre dois imperialismos rivais, entre dois monopólios, entre dois grupos de capital financeiro. A superioridade do imperialismo alemão sobre o inglês é mais forte do que a muralha das fronteiras coloniais ou das tarifas alfandegárias protecionistas; extrair daí um "argumento" *a favor* do livre-comércio e da "democracia pacífica" é dizer banalidades,

---

[149] Cf. K. Marx. *O capital: crítica da Economia Política*, livro III: O processo global de produção capitalista, vol. 4, Rio de Janeiro: Civilização Brasileira, 1974, p. 134-135 (N. E.)

é esquecer os traços e as características essenciais do imperialismo, é substituir o marxismo pelo reformismo pequeno-burguês.

É interessante notar que mesmo o economista burguês A. Lansburgh, cuja crítica ao imperialismo é tão pequeno-burguesa quanto a de Kautsky, analisou mais cientificamente do que ele os dados da estatística comercial. Ele não comparou um país escolhido ao acaso, e precisamente uma colônia, com outros países; ele comparou as exportações de um país imperialista: 1) para os países que dependem financeiramente dele e que receberam empréstimos dele; 2) para os países financeiramente independentes. Eis os resultados obtidos:

Exportações da Alemanha (em milhões de marcos)

	Países	1889	1908	Aumento em %
Para os países financeiramente dependentes da Alemanha	Romênia	48,2	70,8	47
	Portugal	19,0	32,8	73
	Argentina	60,7	147,0	143
	Brasil	48,7	84,5	73
	Chile	28,3	52,4	85
	Turquia	29,9	64,0	114
Total		*234,8*	*451,5*	*92*

	Países	1889	1908	Aumento em %
Para os países financeiramente independentes da Alemanha	Grã-Bretanha	651,8	997,4	53
	França	210,2	437,9	108
	Bélgica	137,2	322,8	135
	Suíça	177,4	401,1	127
	Austrália	21,2	64,5	205
	Índias Holandesas	88,8	40,7	363
Total		*1.206,6*	*2.264,4*	*87*

Lansburgh não tirou *conclusões* e, por isso, estranhamente, não se deu conta de que, *se* estes números provam alguma coisa, é que *ele está errado*, pois a exportação para os países financeiramente dependentes cresceu *mais rapidamente*, ainda que de maneira não muito considerável, do que a exportação para os países financeiramente independentes (sublinhamos o nosso "se" porque a estatística de Lansburgh está muito longe de ser completa).

Estabelecendo a relação existente entre a exportação e os empréstimos, Lansburgh diz:

> Em 1890-1891, contratou-se um empréstimo romeno por intermédio dos bancos alemães, que, nos anos anteriores, já haviam concedido adiantamentos sobre este empréstimo. Ele serviu principalmente para a compra de material ferroviário na Alemanha. Em 1891, a exportação alemã para a Romênia foi de 55 milhões de marcos. No ano seguinte caiu para 39,4 milhões e, gradualmente, até chegar a 25,4 milhões, em 1900. Só nestes últimos anos, graças a outros dois novos empréstimos, foi restabelecido o nível de 1891.
>
> A exportação alemã para Portugal aumentou, devido aos empréstimos de 1888 e 1889, para 21,1 milhões de marcos (1890); depois, nos dois anos seguintes, caiu para 16,2 e 7,4 milhões; e só alcançou o seu antigo nível em 1903.
>
> As cifras do comércio da Alemanha com a Argentina são ainda mais significativas. Por conta dos empréstimos de 1888 e de 1890, a exportação alemã para a Argentina atingiu, em 1889, 60,7 milhões de marcos. Dois anos mais tarde ela era de apenas 18,6 milhões, isto é, menos de um terço da cifra anterior. Só em 1901 se atinge e ultrapassa o nível de 1889, graças a novos empréstimos contratados pelo Estado e por municípios, e a adiantamentos para a construção de usinas elétricas e outras operações de crédito.
>
> A exportação para o Chile aumentou, devido ao empréstimo de 1889, para 45,2 milhões de marcos (1892), caindo para 22,5 milhões um ano depois. Após novo empréstimo, contratado por intermédio dos bancos alemães em 1906, a exportação subiu para 84,7 milhões de marcos em 1907, para baixar novamente para 52,4 milhões em 1908.[150]

Lansburgh deduz destes fatos uma divertida moral pequenoburguesa: que as exportações vinculadas aos empréstimos são instáveis e irregulares; que é lamentável exportar capitais para o estrangeiro em vez de desenvolver "natural" e "harmoniosamente"

---

[150] *Die Bank*, 1909, p. 819 e ss.

a indústria nacional; que o suborno, que soma milhões, pago ao se contratar empréstimos estrangeiros custam caro para a Krupp etc. Mas os fatos falam com clareza: o aumento da exportação está relacionado *precisamente* com as fraudulentas maquinações do capital financeiro, que não se preocupa com a moral burguesa e esfola o boi duas vezes: primeiro o lucro do empréstimo, depois o lucro proveniente *deste mesmo* empréstimo quando empregado na compra de produtos da Krupp ou de material ferroviário do Sindicato do Aço etc.

Repetimos que estamos longe de considerar a estatística de Lansburgh perfeita, mas era indispensável reproduzi-la, pois ela é mais científica do que a de Kautsky e a de Spectator, já que Lansburgh indica uma maneira acertada de abordar o problema. Para tratar da significação do capital financeiro no que se refere à exportação etc., é indispensável saber distinguir a relação que existe especial e exclusivamente entre ela e as maquinações do capital financeiro, especial e exclusivamente entre ela e a venda dos produtos dos cartéis etc. Limitar-se a comparar simplesmente as colônias em geral com as não colônias, um imperialismo com outro, uma semicolônia ou colônia (Egito) com todos os outros países, significa deixar a questão de lado e escamotear precisamente a sua *essência*.

A crítica teórica do imperialismo feita por Kautsky não tem nada em comum com o marxismo; serve apenas como ponto de partida para predicar a paz e a unidade com os oportunistas e os social-chauvinistas, porque deixa de lado e oculta precisamente as contradições mais profundas e fundamentais do imperialismo: as contradições entre os monopólios e a livre concorrência que existem, paralelamente a eles, entre as "operações" gigantescas (e os lucros gigantescos) do capital financeiro e o comércio "honesto" no mercado livre; as contradições entre os cartéis e trustes, por um lado, e a indústria não cartelizada por outro etc.

A famosa teoria do "ultraimperialismo" inventada por Kautsky tem o mesmo caráter reacionário. Comparemos os seus raciocínios sobre este tema em 1915 com os de Hobson em 1902:

> Kautsky: A política imperialista atual não poderá ser suplantada por outra nova, ultraimperialista, que substituirá a luta dos capitais financeiros nacionais entre si pela exploração comum de todo o mundo pelo capital financeiro unido internacionalmente? Este novo estágio do capitalismo, em todo o caso, é concebível. Ele pode ser atingido? A inexistência de premissas suficientes não permite responder esta questão.[151]

> Hobson: O cristianismo consolidado em poucos grandes impérios federais, cada um deles com um séquito de colônias não civilizadas, parece a muitos o desenvolvimento mais lógico das tendências atuais, uma evolução que permitiria alimentar as maiores esperanças numa paz permanente sobre a base sólida do interimperialismo.

Kautsky chama de ultraimperialismo ou superimperialismo aquilo que Hobson denominava, 13 anos antes, de interimperialismo. Para além de inventar uma nova e sapientíssima palavra mediante a substituição de um prefixo latino por outro, o progresso do pensamento "científico" em Kautsky reduz-se à pretensão de fazer passar por marxismo aquilo que Hobson descreve, em essência, como conto dos vigários ingleses. Depois da guerra anglo-boer, era natural que esta respeitabilíssima casta envidasse os seus maiores esforços em *consolar* os pequeno-burgueses e operários ingleses que haviam perdido muitos familiares nas batalhas sul-africanas e tiveram de pagar impostos elevados para garantir maiores lucros aos capitalistas financeiros ingleses. Há melhor consolo do que a teoria de que o imperialismo não é tão mau assim; de que se encontrava muito próximo do inter ou ultraimperialismo, capaz de assegurar a paz permanente? Quaisquer que fossem as boas intenções dos vigários ingleses ou do melífluo Kautsky, o sentido objetivo, isto é, social, real, da sua "teoria" é só um: a consolação

---

[151] *Neue Zeit*, 30 de abril de 1915, p. 144.

arquirreacionária das massas, com a esperança na possibilidade de uma paz permanente sob o capitalismo, desviando a atenção das agudas contradições e dos agudos problemas da atualidade para dirigi-la em direção às falsas perspectivas de um "ultraimperialismo" futuro, pretensamente novo. Engodo das massas, a teoria "marxista" de Kautsky não contém nada além disso.

Com efeito, basta comparar com clareza os fatos notórios, indiscutíveis, para se convencer da falsidade das perspectivas que Kautsky se esforça por inculcar nos operários alemães (e nos de todos os países). Tomemos o exemplo da Índia, da Indochina e da China. É sabido que essas três colônias e semicolônias, com uma população de 600 a 700 milhões de habitantes, se encontram submetidas à exploração do capital financeiro de várias potências imperialistas: a Inglaterra, a França, o Japão, os Estados Unidos etc. Suponhamos que esses países imperialistas formam alianças, umas contra outras, com o objetivo de defender ou alargar as suas possessões, os seus interesses e as suas "esferas de influência" nos referidos países asiáticos. Elas serão alianças "interimperialistas" ou "ultraimperialistas". Suponhamos que *todas* as potências imperialistas constituem uma aliança para a partilha "pacífica" desses países asiáticos: essa seria uma aliança do "capital financeiro unido internacionalmente". Na história do século XX, há casos concretos de alianças desse tipo, como, por exemplo, as relações entre as potências no que se refere à China.[152] Pergunta-se: será "concebível", pressupondo a manutenção do capitalismo (e é precisamente esta condição que Kautsky apresenta), que as referidas alianças não sejam efêmeras, que excluam as fricções, os conflitos e a luta de todas as formas imagináveis?

---

[152] Alusão de Lenin ao "protocolo final" assinado em 7 de setembro de 1901 pelas potências imperialistas (Grã-Bretanha, Áustria-Hungria, Bélgica, França, Alemanha, Itália, Rússia, Países-Baixos, Espanha e Estados Unidos) e a China, após o esmagamento da revolta dos boxers em 1899-1901, cf. nota 153 *infra*. O capital estrangeiro obteve novas possibilidades de explorar e pilhar a China (N. E.).

V. I. LENIN

Basta formular a pergunta claramente para que seja impossível dar-lhe uma resposta que não seja negativa, pois é *in*concebível que, no capitalismo, a partilha das esferas de influência, de interesses, de colônias, se baseie em algo que não seja a força dos que participam na partilha. A força dos que participam da partilha não se modifica de forma idêntica, visto que, sob o capitalismo, é impossível o desenvolvimento *igual* das diferentes empresas, trustes, ramos industriais e países. Há meio século, a Alemanha era absolutamente insignificante ao se comparar sua força capitalista com a da Inglaterra de então; o mesmo se pode dizer do Japão se o compararmos com a Rússia. Será "concebível" que dentro de dez ou 20 anos a correlação de forças entre as potências imperialistas permaneça *invariável*? É absolutamente inconcebível.

Por isso, as alianças "interimperialistas" ou "ultraimperialistas" – seja qual for a sua forma, se uma coligação imperialista contra outra, se uma aliança geral de *todas* as potências imperialistas –, no mundo real capitalista e não na vulgar fantasia pequeno-burguesa dos padres ingleses ou do "marxista" alemão Kautsky, são apenas, *inevitavelmente*, "tréguas" entre guerras. As alianças pacíficas preparam as guerras e, por sua vez, surgem das guerras; uma condicionando a outra, engendrando uma sucessão de formas de luta pacífica e não pacífica sobre *uma única e mesma* base de vínculos e relações imperialistas entre a economia e a política mundiais. E o grande sábio Kautsky, para tranquilizar os operários e reconciliá-los com os social-chauvinistas que passaram para o lado da burguesia, *separa* os elos de uma única e mesma cadeia, separa a atual aliança pacífica (que é ultraimperialista e mesmo ultra-ultraimperialista) de *todas* as potências, criada para a "pacificação" da China (lembrem-se do esmagamento da insurreição dos boxers[153]), do conflito não pacífico de amanhã, que preparará

---

[153] A insurreição dos boxers: insurreição popular anti-imperialista da China, nos anos de 1899-1901, organizada pela sociedade "Yi Ho Tsuan" (o punho da justiça e da concórdia), chamada posteriormente "Yi Ho Tuan". Foi reprimida cruelmente pelo corpo punitivo

para depois de amanhã outra aliança "pacífica" universal para a partilha, suponhamos, da Turquia etc. etc. Em vez da ligação viva entre os períodos de paz imperialista e os de guerras imperialistas, Kautsky oferece aos operários uma abstração sofisticada, a fim de os reconciliar com os seus chefes degenerados.

No prefácio à sua *História da diplomacia no desenvolvimento internacional da Europa*, o autor americano Hill divide a história da diplomacia contemporânea em três períodos: 1) era da revolução; 2) movimento constitucional; 3) era do "imperialismo comercial"[154] contemporâneo. Outro escritor divide a história da "política mundial" da Grã-Bretanha, a partir de 1870, em quatro períodos: 1) primeiro período asiático (luta contra o avanço da Rússia na Ásia Central em direção à Índia); 2) período africano (de 1885 a 1902 aproximadamente): luta contra a França pela partilha da África (incidente de Fachoda[155] em 1898, que ficou a um fio de dar origem à guerra com a França); 3) segundo período asiático (tratado com o Japão contra a Rússia); 4) período "europeu", dirigido principalmente contra a Alemanha".[156] "As escaramuças políticas dos destacamentos de vanguarda travam-se no terreno financeiro", escrevia, em 1905, Riesser, "personalidade" do mundo da banca, indicando como o capital financeiro francês em operação na Itália preparou a aliança política desses países; como se desenvolvia a luta entre a Alemanha e a Inglaterra pela Pérsia, assim como a luta entre todos os capitais europeus pelos empréstimos a serem concedidos para a China etc. Esta é a realidade viva das alianças

---

unificado das potências imperialistas, sob o comando do general alemão Waldersee. Em 1901, a China foi obrigada a assinar o "protocolo final", que impôs ao país uma pesadíssima contribuição, fazendo dele uma semicolônia do imperialismo estrangeiro (N. E.).

[154] David Jayne Hill, *A history of the diplomacy in the international development of Europe*, v. I, p. X.

[155] Fachoda, localidade do Sudão oriental onde se encontraram frente a frente, em setembro de 1898, as tropas coloniais inglesas e francesas, provocando uma crise aguda nas relações internacionais. Esse foi um episódio da luta entre a Inglaterra e a França para a posse do Sudão e para acabar a partilha da África (N. E.).

[156] Schiller, *op. cit.*, p. 178.

V. I. Lenin

"ultraimperialistas" pacíficas, em sua indissolúvel conexão com os conflitos simplesmente imperialistas.

A atenuação que Kautsky faz das contradições mais profundas do imperialismo, e que se transforma inevitavelmente numa maquiagem do imperialismo, também deixa marcas na crítica que este autor faz às características políticas do imperialismo. O imperialismo é a época do capital financeiro e dos monopólios, que provocam, em toda a parte, a tendência para a dominação, e não para a liberdade. Reação em toda a cadeia, seja qual for o regime político, acirramento extremo das contradições também nesta esfera: tal é o resultado desta tendência. Intensifica-se também, particularmente, a opressão nacional e a tendência para as anexações, isto é, para a violação da independência nacional (pois a anexação não é senão a violação do direito das nações à autodeterminação). Hilferding nota acertadamente a relação entre o imperialismo e a intensificação da opressão nacional:

No que se refere aos países recentemente descobertos, o capital importado intensifica as contradições e provoca contra os intrusos uma crescente resistência dos povos, que desperta para a consciência nacional; esta resistência pode facilmente se transformar em medidas perigosas contra o capital estrangeiro. Revolucionam-se completamente as velhas relações sociais; destrói-se o isolamento agrário milenar das 'nações à margem da história' que se veem arrastadas para o turbilhão capitalista. O próprio capitalismo proporciona pouco a pouco, aos dominados, meios e instrumentos adequados de emancipação. E estas nações buscam atingir o que em outros tempos foi o objetivo supremo das nações europeias: a criação de um Estado nacional único como instrumento de liberdade econômica e cultural. Este movimento pela independência ameaça o capital europeu nas suas zonas de exploração mais preciosas, que prometem as perspectivas mais brilhantes; e ele só consegue manter sua dominação aumentando continuamente as suas forças militares.[157]

---

[157] Hilferding, *O capital financeiro*, p. 487 [cf. ed. bras. cit., p. 302 (N.E.)].

A isto há que acrescentar que, não só nos países recentemente descobertos, mas também nos velhos, o imperialismo conduz às anexações, à intensificação da opressão nacional e, consequentemente, intensifica também a resistência. Ao negar que o imperialismo intensifica a reação política, Kautsky deixa na sombra uma questão particularmente candente: a impossibilidade da unidade com os oportunistas na época do imperialismo. Ao se opor às anexações, formula seus argumentos do modo mais inofensivo e mais aceitável para os oportunistas. Kautsky se dirige diretamente ao público alemão e, contudo, oculta precisamente o mais essencial e mais atual – como o fato de que a Alsácia-Lorena é uma anexação da Alemanha. Para uma boa avaliação desta "aberração mental" de Kautsky, eis um exemplo. Suponhamos que um japonês condene a anexação das Filipinas pelos americanos. Pode-se perguntar: serão muitos os que atribuem isto à oposição feita às anexações em geral, e não ao desejo de ele mesmo anexar as Filipinas? E não será de admitir que a "luta" do japonês contra as anexações só pode ser considerada sincera, e politicamente honesta, caso ele se oponha também a anexação da Coreia pelo Japão, e reivindique a liberdade da Coreia de se separar do Japão?

Tanto a análise teórica quanto a crítica econômica e política que Kautsky faz do imperialismo encontram-se *totalmente* impregnadas de um espírito absolutamente incompatível com o marxismo, que consiste em ocultar e atenuar as contradições mais essenciais, e em manter, a qualquer preço, no seio do movimento operário uma unidade, em desintegração, com o oportunismo.

CAPÍTULO X

O LUGAR DO IMPERIALISMO NA HISTÓRIA

Vimos que o imperialismo é, pela sua essência econômica, o capitalismo monopolista. Isto já determina o lugar do imperialismo na história, pois o monopólio, que nasce no solo da livre concorrência e precisamente a partir dela, é a transição do capitalismo para uma ordem econômica e social superior. Há que assinalar particularmente quatro principais tipos de monopólio, ou manifestações principais do capitalismo monopolista, características da época que nos ocupa.

Primeiro: o monopólio é um produto da concentração da produção num grau muito elevado do seu desenvolvimento. Ele é formado pelas associações monopolistas dos capitalistas, pelos cartéis, pelos sindicatos e pelos trustes. Vimos o importante papel que eles exercem na vida econômica contemporânea. Nos princípios do século XX, conquistaram completa supremacia nos países avançados, e, se os primeiros passos no sentido da cartelização foram dados anteriormente pelos países com tarifas alfandegárias protecionistas elevadas (a Alemanha, os Estados Unidos), a Inglaterra – com o seu sistema de livre-comércio – mostrou esse mesmo fato fundamental apenas um pouco mais tarde: o de que os monopólios surgem como consequência da concentração da produção.

Segundo: os monopólios vieram acirrar a luta pela conquista das mais importantes fontes de matérias-primas, particularmente para a indústria básica e mais cartelizada da sociedade capitalista: a hulheira e a siderúrgica. O monopólio das fontes mais importantes de matérias-primas aumentou enormemente o poderio do grande capital e acirrou as contradições entre a indústria cartelizada e a não cartelizada.

Terceiro: o monopólio surgiu dos bancos, que, de modestas empresas intermediárias no passado, se transformaram, hoje, em monopolistas do capital financeiro. Três ou cinco grandes bancos de qualquer uma das nações capitalistas mais avançadas realizaram a "união pessoal" do capital industrial e bancário e concentraram nas suas mãos bilhões e bilhões, que constituem a maior parte dos capitais e dos rendimentos em dinheiro de todo o país. Uma oligarquia financeira que tece uma densa rede de relações de dependência entre todas as instituições econômicas e políticas da sociedade burguesa contemporânea sem exceção: tal é a manifestação mais evidente deste monopólio.

Quarto: o monopólio nasceu da política colonial. Aos numerosos "velhos" motivos da política colonial, o capital financeiro acrescentou a luta pelas fontes de matérias-primas, pela exportação de capitais, pelas "esferas de influência", isto é, as esferas de transações lucrativas, de concessões, de lucros monopolistas etc., e, finalmente, pelo território econômico em geral. Quando as colônias das potências europeias, por exemplo, representavam um décimo do território da África, como acontecia ainda em 1876, a política colonial podia desenvolver-se de uma forma não monopolista, pela "livre conquista", por assim dizer, de territórios. Mas, quando nove décimos da África já estavam ocupados (por volta de 1900) e todo o mundo já estava repartido, começou inevitavelmente a era da posse monopolista das colônias e, por conseguinte, de luta particularmente acirrada pela divisão e pela nova partilha do mundo.

É bastante conhecido até que ponto o capitalismo monopolista acirrou todas as contradições do capitalismo. Basta indicar a carestia da vida e a opressão dos cartéis. Este acirramento das contradições é a força motriz mais poderosa do período histórico de transição iniciado com a vitória definitiva do capital financeiro mundial.

Os monopólios, a oligarquia, a tendência para a dominação em vez da tendência para a liberdade, a exploração de um número cada vez maior de nações pequenas ou fracas por um punhado de nações riquíssimas ou muito fortes: tudo isto originou os traços distintivos do imperialismo, que obrigam a caracterizá-lo como capitalismo parasitário ou em estado de decomposição. É com relevo cada vez maior que emerge, como uma das tendências do imperialismo, a formação de "Estados" rentistas, de Estados usurários, cuja burguesia vive cada vez mais à custa da exportação de capitais e do "corte de cupons". Seria um erro pensar que esta tendência para a decomposição exclui o rápido crescimento do capitalismo. Não, certos ramos industriais, certos setores da burguesia, certos países manifestam, na época do imperialismo, com maior ou menor intensidade, quer uma quer outra dessas tendências. No seu conjunto, o capitalismo se desenvolve com uma rapidez incomparavelmente maior do que antes, mas este desenvolvimento não só é cada vez mais desigual, em geral, como a desigualdade se manifesta também, em particular, na decomposição dos países mais ricos em capital (Inglaterra).

No que se refere à rapidez do desenvolvimento econômico da Alemanha, Riesser, autor de uma pesquisa sobre os grandes bancos alemães, diz:

> O progresso, não muito lento, da época anterior (1840-1870) pode ser comparado com o rápido desenvolvimento de toda a economia da Alemanha, particularmente de seus bancos, da mesma maneira que a velocidade das diligências dos bons velhos tempos pode ser comparada com a velocidade dos automóveis modernos que passam tão rápido que traz perigo não só aos inocentes pedestres em seu caminho, mas também aos ocupantes do carro.

Por sua vez, esse capital financeiro, que cresceu com uma rapidez tão extraordinária precisamente porque cresceu desse modo, não tem qualquer inconveniente em passar a uma posse mais "tranquila" das colônias, que devem ser conquistadas, não só por meios pacíficos, em detrimento das nações mais ricas. E, nos Estados Unidos, o desenvolvimento econômico tem sido, nessas últimas décadas, ainda mais rápido do que na Alemanha, e é justamente *por conta* disto que os traços parasitários do capitalismo americano contemporâneo aparecem com particular relevo. Por outro lado, a comparação, por exemplo, entre a burguesia republicana americana e a burguesia monárquica japonesa ou alemã mostra que as maiores diferenças políticas se atenuam ao máximo na época do imperialismo; e não porque essa diferença não seja importante no geral, mas porque em todos esses casos se trata de uma burguesia com traços de parasitismo claramente definidos.

A obtenção de elevados lucros monopolistas pelos capitalistas de um entre muitos ramos da indústria, de um entre muitos países etc., lhes dá a possibilidade econômica de subornarem certas camadas operárias e, temporariamente, uma minoria bastante importante destes últimos, atraindo-os para o lado da burguesia de um determinado ramo ou de uma determinada nação, contra todos os outros. O acirramento do antagonismo das nações imperialistas pela partilha do mundo aprofunda essa tendência. Assim se cria a ligação entre o imperialismo e o oportunismo, ligação que se manifestou, antes de tudo e de uma forma mais clara do que em qualquer outro lugar, na Inglaterra devido ao fato de vários traços imperialistas de desenvolvimento aparecerem neste país muito antes que em outros. Alguns escritores, L. Martov por exemplo, comprazem-se de negar a ligação entre o imperialismo e o oportunismo no seio do movimento operário – fato que agora salta aos olhos com particular evidência – por meio de argumentos impregnados de "otimismo oficial" (à Kautsky e Huysmans) como o seguinte: a causa dos adversários do capitalismo seria uma causa perdida se o capitalismo avançado conduzisse ao reforço do oportunismo, ou se os operários melhor remunerados mostrassem inclinação para o oportunismo etc. Não nos deixemos enganar quanto à significação desse "otimismo"; é um otimismo em relação ao oportunismo, é um otimismo que serve para mascarar o oportunismo. Na realidade, a particular rapidez e o caráter singularmente repulsivo do desenvolvimento do oportunismo não lhe garantem, de modo algum, uma vitória duradoura, assim como a rapidez de desenvolvimento de um tumor maligno num corpo sadio pode apenas acelerar seu amadurecimento, a eliminação do abscesso e a cura do organismo. O maior perigo, neste sentido, são as pessoas que não querem compreender que a luta contra o imperialismo é uma frase oca e falsa se não for indissoluvelmente vinculada à luta contra o oportunismo.

De tudo o que foi dito anteriormente sobre a essência econômica do imperialismo, resulta que se deva caracterizá-lo como capitalismo de transição ou, mais precisamente, como capitalismo agonizante. Neste sentido, é extremamente instrutivo constatar que os economistas burgueses, ao descreverem o capitalismo moderno, frequentemente utilizam termos como: "entrelaçamento", "ausência de isolamento" etc.; os bancos são "empresas que, pelos seus fins e pelo seu desenvolvimento, não possuem um caráter econômico estritamente privado e, cada vez mais, vão saindo da esfera da regulação da economia puramente privada". E este mesmo Riesser, a quem pertencem estas últimas palavras, declara, com a maior seriedade do mundo, que as "profecias" dos marxistas a respeito da "socialização" "não se cumpriram"!

Qual é, então, o significado da palavra "entrelaçamento"? Ela simplesmente expressa o traço que mais salta aos olhos do processo que se está desenvolvendo diante de nós; mostra que o observador conta as árvores e não vê o bosque, que copia servilmente o exterior, o acidental, o caótico; revela que o observador é um homem dominado pelos materiais em bruto e totalmente incapaz de compreender seu sentido e significação. A posse de ações e as relações entre os proprietários particulares "entrelaçam-se acidentalmente".

Mas o que se encontra por detrás deste entrelaçamento, o que constitui sua base são as relações sociais de produção, que mudam continuamente. Quando uma grande empresa se transforma em empresa gigante e organiza sistematicamente, apoiando-se num cálculo exato duma grande massa de dados, o abastecimento de dois terços ou três quartos das matérias-primas necessárias a uma população de várias dezenas de milhões; quando ela organiza sistematicamente o transporte dessas matérias-primas para os pontos de produção mais apropriados, que se encontram por vezes separados por centenas e milhares de quilômetros; quando um único centro dirige a transformação sucessiva do material, em todas as suas diversas fases, até obter numerosas espécies de produtos manufaturados; quando a distribuição desses produtos se efetua segundo um plano único a dezenas e centenas de milhões de consumidores (venda de petróleo na América e na Alemanha pelo truste do petróleo americano), então se torna evidente que nos encontramos diante de uma socialização da produção, e não diante de um simples "entrelaçamento". Percebe-se que as relações de economia e de propriedade privadas constituem uma forma que já não corresponde ao conteúdo, uma forma que deve inevitavelmente decompor-se se a sua supressão for adiada artificialmente, que pode permanecer em estado de decomposição durante um período relativamente longo (no pior dos casos, se a cura do tumor oportunista se prolongar demasiadamente), mas que, de qualquer modo, será inelutavelmente eliminada.

Schulze-Gaevernitz, admirador entusiasta do imperialismo alemão, exclama:

> Se, no fim de contas, a direção dos bancos alemães se encontra nas mãos de uma dúzia de pessoas, a sua atividade já é, atualmente, mais importante para o bem público do que a atividade da maioria dos ministros [neste caso é mais vantajoso esquecer o 'entrelaçamento' existente entre banqueiros, ministros, industriais, rentistas etc.]. (...) Se refletirmos até o fim sobre o desenvolvimento das tendências que apontamos, chegaremos à seguinte

conclusão: o capital-dinheiro da nação está concentrado nos bancos; os bancos estão unidos entre si no cartel; o capital de investimento da nação tomou a forma de títulos. Então, cumprem-se as palavras geniais de Saint-Simon: 'A atual anarquia da produção, proveniente do fato de as relações econômicas se desenvolverem sem uma regulação uniforme, deve dar lugar à organização da produção. A produção não será dirigida por empresários isolados, independentes uns dos outros, que ignoram as necessidades econômicas dos homens; ela será controlada por uma instituição social determinada. A autoridade administrativa central, capaz de observar a vasta esfera da economia social de um ponto de vista mais elevado, a regulará de uma maneira que seja útil para toda a sociedade, entregará os meios de produção nas mãos apropriadas para isso e se preocupará, sobretudo, para que haja uma harmonia constante entre a produção e o consumo. Já existem instituições que incluíram entre os seus fins uma determinada organização da atividade econômica: os bancos'. Ainda estamos longe da realização destas palavras de Saint-Simon, mas estamos seguindo nessa direção: será um marxismo diferente do que Marx imaginava, mas diferente apenas na forma.[158]

Não há dúvida: excelente "refutação" de Marx, que dá um passo atrás com relação à análise científica exata de Marx para a conjectura – genial, mas ainda assim uma conjectura – de Saint-Simon.

---

[158] *Grundriss der Soziallökonomik*, p. 146.